Éveiller l'intérêt des élèves

Aidez les élèves à mieux comprendre et apprécier les notions de médiatique en les encourageant à apporter en classe divers produits médiatiques à examiner. Vous pourriez aussi mener des sondages sur des sujets reliés aux médias et en afficher les résultats, ou comparer les préférences des élèves pour ce qui est des produits médiatiques.

Vocabulaire

Notez les nouveaux mots ainsi que ceux reliés aux médias sur des feuilles grand format afin que les élèves puissent s'y référer au cours d'exercices de rédaction ayant trait à ce sujet. Encouragez les élèves à suggérer des mots à ajouter à la liste avec chaque nouvel exercice.

Feuilles reproductibles et organisateurs graphiques

Utilisez les feuilles reproductibles et les organisateurs graphiques fournis dans ce livre de la manière la plus appropriée pour vos élèves. Les feuilles reproductibles fournissent de l'information, appuient des notions de médiatique importantes et ajoutent des occasions d'apprentissage. Les organisateurs graphiques aident les élèves à se concentrer sur des idées importantes et à faire des comparaisons directes.

Cahier d'apprentissage

Un cahier d'apprentissage permet à chaque élève d'organiser ses réflexions et ses idées au sujet des notions de médiatique présentées. En examinant les cahiers, vous pourrez choisir les activités de suivi qui sont nécessaires pour passer en revue et clarifier les notions apprises.

Un cahier d'apprentissage peut contenir :

- des conseils de l'enseignante ou enseignant,
- des réflexions de l'élève,
- des questions soulevées,
- des liens découverts,
- des schémas et images avec étiquettes.

Grilles d'évaluation

Utilisez les diverses grilles fournies dans ce livre pour évaluer l'apprentissage des élèves.

Introduction aux médias

Information de base

Médias : Terme qui s'applique aux formes habituelles de communication de masse, telles que la télévision, la radio, les journaux et Internet

Genre de produit médiatique : Forme que prend le produit pour communiquer un message, telle que l'imprimé (roman, dépliant, emballage d'un produit, etc.) ainsi qu'une grande variété de documents non imprimés, comme le blogue, le film, le balado et le téléjournal

Produit médiatique : Tout texte, image, son ou représentation visuelle (ou toute combinaison de ces éléments) qu'on utilise pour communiquer un message. Bien que de nombreux produits médiatiques comportent des mots parlés ou écrits, ce n'est pas le cas pour tous ces produits. Une photo et une peinture, par exemple, sont considérées comme des produits médiatiques.

Matériel

Échantillons de produits médiatiques, tels qu'un dépliant, une circulaire, un menu, un magazine, un journal, un CD, un DVD, etc.

Feuilles reproductibles

FR 1 : Que sont les médias? (p. 6-9)

FR 2 : Introduction aux médias – Questions incitatives (p. 10)

FR 3 : Produits médiatiques et buts (p. 11)

FR 4 : Mots cachés – Médias (p. 12)

FR 5 : Les médias dans une journée – Compte (p. 13)

Organisateurs graphiques

OG 1 : Toile d'idées (p. 110)

OG 2 : Planificateur de rédaction (p. 111)

Évaluation des connaissances acquises

1. Montrez aux élèves des échantillons de produits médiatiques qu'ils pourront examiner, tels qu'un journal, un magazine, un DVD, un dépliant, un menu et un site Web. Notez au tableau les réponses des élèves aux questions suivantes :
   - Pouvez-vous nommer quelques-uns de ces produits médiatiques?
   - En quoi ces divers produits sont-ils différents?
   - En quoi ces divers produits se ressemblent-ils?
2. Posez aux élèves les questions ci-dessous et notez leurs réponses au tableau :
   - Quel est le but des médias?
   - Comment les divers médias présentent-ils leurs messages? Qu'essaient-ils de communiquer?
3. Invitez les élèves à lire et à remplir la **FR 1 : Que sont les médias?** Les élèves pourraient ensuite se reporter à leurs réponses au tableau afin de comparer leurs idées. Vous aurez ainsi l'occasion de corriger toute idée erronée. Expliquez aux élèves que les documents qu'ils ont examinés plus tôt et dont ils ont discuté sont des genres de produits médiatiques. En groupe-classe, discutez de la façon dont chacun des produits communique un message.
4. Présentez aux élèves le terme « produit médiatique » (voir la définition dans « Information de base » à la page précédente). Rappelez-leur que les messages médiatiques sont construits au moyen de techniques créatives conçues pour capter l'attention des gens. Qui a créé le message et pourquoi celui-ci a-t-il été créé? Soulignez le fait que différentes personnes perçoivent différemment le même message médiatique. Comment différentes personnes pourraient-elles réagir au même message médiatique?

Les divers genres de produits médiatiques

Invitez les élèves à identifier des produits médiatiques à l'intérieur et à l'extérieur de la classe. Parmi ceux que les élèves pourraient nommer :

- carte de souhaits
- tableau d'affichage
- affiche
- bande dessinée
- site Web
- cahier publicitaire
- magazine
- émission de télévision
- logo
- message publicitaire
- journal
- écriteau
- panneau-réclame
- publicité

Messages sans mots

Amenez les élèves à comprendre que les messages peuvent être communiqués sans mots, mais plutôt avec des symboles et des photos, par exemple. Donnez-leur l'occasion d'examiner divers symboles et d'en reconnaître le message. Montrez-leur aussi plusieurs photos et demandez-leur d'expliquer le message qu'ils y perçoivent. Faites un remue-méninges afin de dresser une liste des raisons pour lesquelles les gens prennent des photos et de celles pour lesquelles il y a des symboles dans leur localité.

Comprendre les buts des produits médiatiques

Rappelez aux élèves que toute personne qui crée un produit médiatique a une raison de le faire, c'est-à-dire qu'elle a un but. Au moyen de la **FR 1 : Que sont les médias?** passez en revue avec eux tout ce qu'ils ont appris sur les buts des produits médiatiques. Discutez de chacun des trois buts, au moyen des questions ci-dessous.

Informer

- Quel type d'informations obtenez-vous dans un article de journal ou un téléjournal?
- Comment savez-vous si les informations et leur source sont sûres? Quels sont certains des indices?
- En quoi l'information dans un magazine et celle dans un livre de recettes sont-elles semblables ou différentes? Le nombre d'auteurs est-il le même?

Divertir

- Quels types de produits médiatiques sont conçus pour divertir les gens?

Persuader

- Quelles techniques utilise-t-on dans les produits médiatiques pour persuader les consommateurs de faire ou d'acheter quelque chose?
- Comment l'information est-elle présentée? Comment les gens sont-ils présentés? Examinez leur langage corporel et leurs expressions faciales. Ont-ils l'air heureux, tristes, troublés, furieux?
- Selon vous, de quelles façons les entreprises incitent-elles les consommateurs à acheter des marques populaires ou des vêtements portant des logos?

Examinez, en groupe-classe, divers produits médiatiques, un à la fois, puis demandez aux élèves de donner les raisons pour lesquelles chacun a été créé selon eux. Invitez les élèves à se servir des indices présents dans le produit médiatique pour expliquer leur raisonnement.

Tableau des buts des produits médiatiques

Créez un tableau sur lequel figureront les titres « Informer », « Divertir » et « Persuader » (ou d'autres titres de votre choix). À mesure que vous présentez un produit médiatique aux élèves, ceux-ci doivent indiquer à quelle catégorie il appartient. Les élèves se rendront vite compte que certains produits médiatiques appartiennent à plus d'une catégorie. Par exemple, un DVD sur les animaux de la forêt tropicale humide peut informer tout en divertissant.

Renforcer et poursuivre ses apprentissages

Servez-vous des FR et des idées ci-dessous pour aider les élèves à renforcer et à poursuivre leurs apprentissages.

FR 2 : Introduction aux médias – Questions incitatives

Vous obtiendrez des discussions plus fructueuses et encouragerez la participation d'élèves plus timides si vous laissez le temps aux élèves de réfléchir aux questions avant d'entamer les discussions.

FR 3 : Produits médiatiques et buts

Servez-vous de cette FR pour aider les élèves à mieux comprendre les buts associés à divers genres de produits médiatiques. En invitant les élèves à communiquer leurs réponses à leurs camarades, vous les aiderez à se rendre compte que la plupart des produits médiatiques peuvent être utilisés pour atteindre différents buts ou différentes combinaisons de buts.

FR 4 : Mots cachés – Médias

Les élèves passeront en revue les produits médiatiques les mieux connus en cherchant les mots dans la grille.

FR 5 : Les médias dans une journée – Compte

En notant les produits médiatiques qu'ils voient, regardent ou écoutent, les élèves commenceront à se rendre compte de la place que ces produits occupent dans leur vie de tous les jours.

Activité : Collage médiatique

Invitez les élèves à feuilleter des magazines, des journaux, etc., pour y trouver des exemples de produits médiatiques. Ils découperont ensuite des images et des mots, puis les colleront sur une feuille de papier pour créer un collage.

Activité : Devinettes sur les genres de produits médiatiques

Mettez les élèves au défi de créer des devinettes se rapportant aux différents genres de produits médiatiques. Exemple :

> Je suis un livre qui ne raconte pas d'histoire. Tu m'utilises pour trouver la signification d'un mot.
> Que suis-je?
> Réponse : Un dictionnaire

Organisateurs graphiques

Servez-vous des organisateurs graphiques fournis dans ce livre pour comparer divers produits médiatiques et leurs messages.

Que sont les médias?

Qu'entend-on par le terme « médias »? Il s'agit de divers moyens de communiquer un message à un grand nombre de personnes. Ces moyens comprennent la télévision, la presse écrite, la radio et Internet.

Le terme « média » vient de l'anglais *mass media,* qui signifie « moyens de communication de masse ». Les médias servent donc à communiquer des messages.

Produits médiatiques

Nous avons différentes façons de communiquer nos messages. Le message peut être communiqué par des mots sur une feuille, par exemple une lettre, un poème, un dépliant, un roman ou une circulaire.

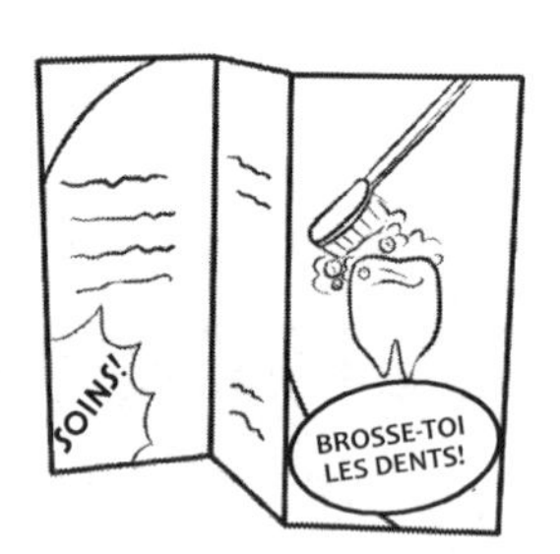

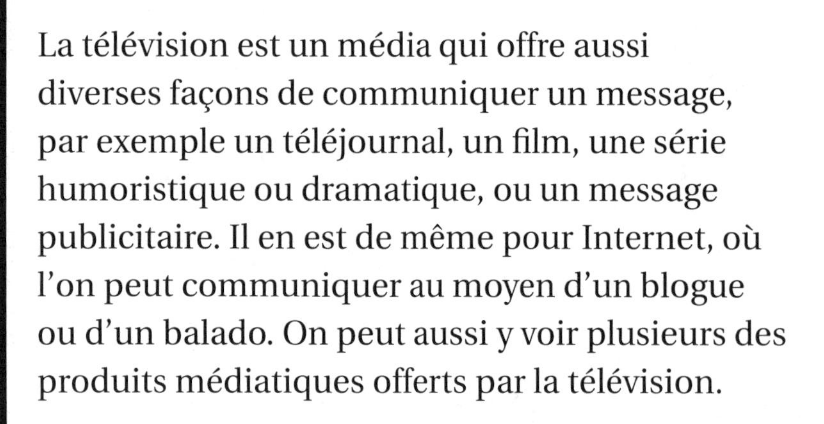

La télévision est un média qui offre aussi diverses façons de communiquer un message, par exemple un téléjournal, un film, une série humoristique ou dramatique, ou un message publicitaire. Il en est de même pour Internet, où l'on peut communiquer au moyen d'un blogue ou d'un balado. On peut aussi y voir plusieurs des produits médiatiques offerts par la télévision.

suite à la page suivante ☞

Les buts des produits médiatiques

On communique des messages dans différents buts. Voici trois buts principaux des messages médiatiques :

But	Exemples de produits médiatiques
Informer (fournir de l'information aux gens)	• téléjournal • article de journal • message d'intérêt public
Divertir (donner du plaisir aux gens)	• bande dessinée • film • dessin animé
Persuader (convaincre les gens de faire ou de croire quelque chose)	• message publicitaire télévisé • cahier publicitaire • tribune libre

Un message a souvent plus d'un but. Par exemple, un message publicitaire télévisé peut nous divertir en nous faisant rire, mais il veut aussi nous persuader d'acheter un produit.

Réfléchis bien

Sur une autre feuille de papier, crée un collage d'images et de mots montrant divers produits médiatiques.

Que sont les médias?

1. Dans le cas des médias et des messages médiatiques, il est parfois nécessaire d'adopter une attitude originale. Par exemple, est-ce possible de communiquer un message sans mots? Regarde les symboles ci-dessous et explique comment ils communiquent aussi un message.

a) TOILETTES ______________________________

b) TOXIQUE ______________________________

c) ______________________________

d) ______________________________

e) ______________________________

f) ______________________________

2. Sers-toi de tes propres idées et de l'information provenant du texte pour expliquer comment on utilise les médias dans la vie de tous les jours.

____

____

____

____

suite à la page suivante ☞

Que sont les médias? suite

3. Julien a composé, pour son cours de santé, une chanson intitulée *Mange tes légumes!* Les paroles sont drôles, mais elles donnent aussi de bonnes raisons de manger beaucoup de légumes différents. Julien voulait que des gens de partout au pays puissent entendre sa chanson. Il a donc fait un vidéoclip qu'il a téléchargé dans Internet.

a) Quels sont les buts de la chanson de Julien?

❏ **Informer** ❏ **Divertir** ❏ **Persuader**

Explique ta réponse.

____

____

____

____

b) Quel média Julien a-t-il utilisé pour diffuser sa chanson?

____

c) Quel genre de produit médiatique Julien a-t-il utilisé pour communiquer son message? Selon toi, était-ce un bon choix? Explique ta réponse.

____

____

____

____

____

4. Quel est l'un des genres de produits médiatiques télévisés que tu aimes? Pourquoi?

____

____

____

____

Introduction aux médias - Questions incitatives

1. Que signifie pour toi le terme « média »?

2. Pourquoi regardes-tu la télévision, écoutes-tu la radio, lis-tu les journaux et surfes-tu sur Internet?

3. L'emballage est un moyen important de communiquer de l'information au sujet d'un produit. Quelle information peux-tu obtenir de l'emballage d'un produit? (Pense, par exemple, à l'information que tu trouves sur la boîte d'un jouet, l'étiquette d'une boîte de soupe, et la pochette d'un CD.)

Produits médiatiques et buts

On se sert de divers produits médiatiques pour *informer, persuader* ou *divertir* un public. Quels buts ont les produits médiatiques ci-dessous? Écris tes idées dans la colonne de droite.

Produit médiatique	But ou buts
Annonce classée dans un journal pour vendre une voiture usagée	
Site Web d'un organisme de charité qui s'occupe d'animaux familiers blessés et abandonnés	
Message d'intérêt public donnant des moyens de conserver l'énergie	
Bande-annonce pour un film qui paraîtra bientôt	
Billets de blogue publiés chaque jour par une personne voyageant autour du monde à bord d'un voilier	
Casquette de baseball portant le nom d'un fabricant de vêtements et d'équipement de sport	

Mots cachés - Médias

Z	B	X	I	N	T	E	R	N	E	T	J	K	T
Y	A	A	D	W	O	B	A	G	H	U	V	J	E
M	N	A	L	K	R	J	F	R	A	D	I	O	L
T	D	Z	D	A	W	L	F	E	T	K	B	U	E
P	E	B	I	J	D	L	I	V	R	E	E	R	V
U	D	L	S	E	E	O	C	B	F	L	A	N	I
B	E	O	C	U	P	G	H	R	P	I	Z	A	S
L	S	G	O	V	L	O	E	O	A	M	L	L	I
I	S	U	U	I	I	K	M	C	N	Y	E	M	O
C	I	E	R	D	A	N	V	H	N	L	B	N	N
I	N	T	S	E	N	Z	J	U	E	T	C	S	U
T	E	P	H	O	T	O	G	R	A	P	H	I	E
E	E	K	Z	A	E	I	K	E	U	M	O	L	E

Liste de mots

bande dessinée
télévision
Internet
art
dépliant
brochure
blogue
livre
journal
film
discours
affiche
radio
jeu vidéo
menu
panneau
logo
balado
photographie
publicité

Les médias dans une journée - Compte

Note avec soin les médias et produits médiatiques que tu vois, regardes ou écoutes dans une journée. Montre les résultats à ta classe et compare-les à ceux des autres élèves.

Média/Produit médiatique	Dénombrement
Télévision	
Radio	
Internet	
Livre	
Journal	
Cahier publicitaire	
Dépliant	
Bande dessinée	
Blogue	
Film	
Musique	
Affiche	
Panneau-réclame	
Logo	
Menu	
Autre	

Regarde tes résultats. Qu'en penses-tu?

La littératie médiatique

Information de base

Les définitions de « littératie médiatique » peuvent être très différentes et comprennent souvent les habiletés suivantes :

- comprendre et interpréter des produits médiatiques;
- identifier divers genres de produits médiatiques;
- reconnaître les techniques utilisées dans les produits médiatiques et en comprendre l'influence;
- communiquer efficacement au moyen de divers produits médiatiques.

Les habiletés de pensée critique jouent un rôle important dans la littératie médiatique. En examinant les produits médiatiques d'un œil critique, les élèves apprennent à devenir des « consommateurs » avertis et des créateurs efficaces de ces produits. Ils comprennent aussi l'influence qu'ont les produits médiatiques sur divers groupes et individus, ainsi que sur la société.

Matériel

Feuilles reproductibles

FR 6 : Pourquoi est-il important d'étudier les médias? (p. 17-20)

FR 7 : Mes expériences d'apprentissage des médias (p. 21)

Évaluation des connaissances acquises

La plupart des élèves ont déjà acquis à l'école des connaissances sur les médias.

1. Demandez aux élèves : « Lesquels d'entre vous ont déjà étudié les médias dans les années passées? » Posez les questions ci-dessous aux élèves qui ont répondu par l'affirmative et notez leurs réponses au tableau :
   - Qu'avez-vous appris, entre autres, à propos des médias?
   - Croyez-vous qu'il est important d'acquérir des connaissances sur les médias? Pourquoi?
   - En quoi l'étude des médias peut-elle vous aider?
2. Invitez les élèves à lire et à remplir la **FR 6 : Pourquoi est-il important d'étudier les médias?**
3. Passez en revue avec les élèves les questions ci-dessus et les réponses qu'ils ont données. Demandez-leur : « Maintenant que vous avez rempli la FR 6, y a-t-il des réponses que vous aimeriez clarifier ou changer? »

Évaluer l'attitude des élèves à l'égard de l'étude des médias

1. Servez-vous de la **FR 7 : Mes expériences d'apprentissage des médias** pour mieux comprendre l'attitude des élèves à l'égard de l'étude des médias. Si plusieurs de vos élèves ont une attitude négative, examinez les raisons qu'ils ont données pour expliquer leur réponse à la première question. Trouvez des façons de rendre l'étude des médias plus intéressante pour ces élèves.
2. Passez en revue les réponses des élèves, puis, au moyen d'une discussion de classe, déterminez les aspects que vous aimeriez explorer plus à fond. Selon les réponses, vous pourriez vouloir inclure les sujets ci-dessous dans la discussion :
   - Demandez aux élèves : « Avez-vous des idées sur ce qui pourrait rendre plus intéressante et plus agréable l'étude des médias? Lesquelles? »
   - Expliquez aux élèves que l'analyse et la création de produits médiatiques sont des activités qui s'appuient l'une et l'autre. Lorsqu'ils analysent un produit médiatique afin de savoir pourquoi il est efficace, ils trouvent des idées sur les façons de créer des produits médiatiques qui seront tout aussi efficaces. Lorsqu'ils comprennent les décisions qu'ils prennent en créant un produit médiatique, ils apprennent à analyser des produits médiatiques créés par d'autres personnes.
   - Lisez à la classe certaines des réponses à la troisième question de la FR 7. Au cours d'une discussion, clarifiez tout problème auquel les élèves ont fait face dans l'étude des médias. Prenez des notes pendant la discussion afin de pouvoir, par la suite, aborder les aspects de l'étude qui leur ont posé problème.

Renforcer et poursuivre ses apprentissages

Intégrez la médiatique dans l'enseignement d'autres matières

Afin d'aider vos élèves à comprendre que la littératie médiatique est importante pour eux, vous pourriez en intégrer des éléments dans l'enseignement d'autres matières. Par exemple :

- Au début d'une leçon sur une autre matière, prenez quelques minutes pour examiner avec les élèves le manuel scolaire qu'ils utilisent. Invitez-les à nommer des caractéristiques du livre ou du chapitre qu'ils lisent, et discutez brièvement de chaque caractéristique et de la façon dont elle appuie l'apprentissage des élèves.
- Lorsque les élèves regardent une vidéo éducative, faites quelques pauses, par exemple lorsque vous voyez un gros plan, un titre ou une scène vue d'en haut ou d'en bas. À chaque pause, discutez avec les élèves de la technique et de la convention utilisées, ainsi que de leurs buts.

Pourquoi est-il important d'étudier les médias?

Tous les produits médiatiques tentent de nous persuader ou de nous influencer d'une façon quelconque. C'est pourquoi il est important d'analyser ces produits et de les examiner d'un œil critique. Il faut réfléchir à l'information et à la façon dont elle est présentée avant de pouvoir réagir au produit.

Doit-on croire les messages médiatiques?

Comment savoir si on peut croire un message médiatique? Il faut bien réfléchir sur le message et se poser des questions à son sujet. Par exemple, imagine que tu vois, sur un site Web, un message disant : « Envoyez-nous 5 $ et nous vous enverrons 50 $. Ceci n'est pas un canular! » Tu devrais probablement te poser ces questions :

- Pourquoi les créateurs d'un site Web voudraient-ils donner de l'argent?
- Si quelqu'un veut vraiment donner de l'argent, pourquoi dois-je d'abord envoyer 5 $?
- Devrais-je croire qu'il ne s'agit pas d'un canular, tout simplement parce qu'on me dit sur le site que ce n'en est pas un?

Tu apprendras peut-être plus tard que la police recherche les créateurs de ce site parce qu'ils ont reçu des milliers de dollars de personnes qui ont envoyé chacune 5 $, mais n'ont pas envoyé à ces personnes les 50 $ promis.

suite à la page suivante ☞

Messages médiatiques efficaces

Il est bon aussi d'étudier les médias si l'on veut savoir comment créer un message médiatique efficace qui atteint ses buts. Imagine que tu veux créer une affiche annonçant une activité de financement qui aura lieu à ton école. Tu pourrais d'abord examiner d'autres affiches pour déterminer celles qui feraient de bons modèles. Voici quelques questions que tu pourrais te poser :

- Quelles affiches me captivent? Comment y arrivent-elles?
- Quelles affiches m'incitent à participer à l'activité? Comment y arrivent-elles?
- Quelles affiches fournissent juste assez de renseignements? Lesquelles en disent trop?

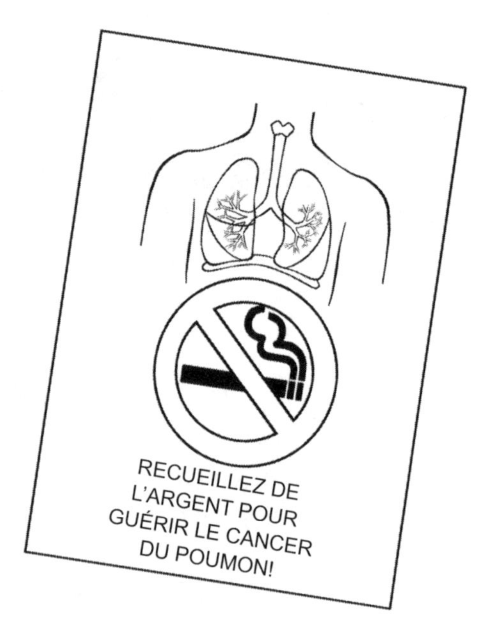

Quand tu sais ce qui rend un message médiatique efficace, tu peux utiliser cette information pour t'assurer que tes propres messages médiatiques seront aussi efficaces.

Réfléchis bien

Selon toi, comment les médias influencent-ils les jeunes? Sers-toi de tes propres idées et de l'information fournie dans le texte pour expliquer ta réponse sur une autre feuille de papier.

Pourquoi est-il important d'étudier les médias?

Une valeur est une conviction au sujet de ce qui est bon ou mauvais ou important. Voici quelques exemples :

- Être honnête est une bonne chose.
- Il est important de faire preuve de loyauté envers ses amis.
- Blesser les autres est une mauvaise chose.
- Il est important d'aider les autres.

1. Une publicité pour un nouveau style de jean dit ceci : « Rien n'est plus important que d'être populaire. Grâce à notre nouveau jean, tu seras la personne la plus populaire de ta classe! »

a) Quelle valeur cette publicité cherche-t-elle à communiquer aux jeunes? Explique ta réponse.

____

____

b) Qu'est-ce que cette publicité veut que les jeunes fassent?

____

____

c) Relis ta réponse à la question précédente. Comment la publicité s'y prend-elle pour persuader les jeunes de faire ce qu'elle veut qu'ils fassent?

____

____

d) Réfléchis bien à ce que dit la publicité. Donne deux questions que tu pourrais te poser au sujet des messages que communique la publicité?

____

____

____

suite à la page suivante ☞

Pourquoi est-il important d’étudier les médias? suite

2. Pense à un message publicitaire télévisé que tu aimes regarder. Indique ici deux ou trois éléments de ce message qui font que tu aimes le regarder.

3. Selon toi, en quoi l’étude des médias peut-elle t’être utile dans ta vie de tous les jours?

Mes expériences d'apprentissage des médias

1. Mets un crochet à côté de la réponse qui décrit le mieux ta pensée.

   Dans le passé, qu'ai-je ressenti en étudiant les médias?

   - ❑ J'ai beaucoup aimé étudier les médias.
   - ❑ Étudier les médias était bien, mais pas plus.
   - ❑ Je n'ai pas aimé étudier les médias.

   Explique ta réponse.

   ____

   ____

   ____

   ____

2. Que préfères-tu, analyser des produits médiatiques que d'autres ont créés ou créer tes propres produits médiatiques? Explique ta réponse.

   ____

   ____

   ____

   ____

3. Pense à ce que tu as appris sur les médias l'année dernière. Quels sujets ou idées avais-tu de la difficulté à comprendre? Quels sujets ou idées étaient faciles pour toi?

   ____

   ____

   ____

   ____

But, genre et public

Information de base

Le but, le genre et le public cible d'un produit médiatique sont interreliés. Tout produit médiatique est conçu dans un ou plusieurs buts et pour un public cible donné. Ce public cible peut être général (p. ex. n'importe quel adulte) ou particulier (p. ex. les enfants de 8 à 12 ans qui ont un intérêt quelconque).

Le genre de produit choisi est associé à son but, mais peut aussi être influencé par le public cible. Par exemple, un produit comportant principalement des éléments graphiques convient mieux à un public cible formé de jeunes enfants qu'un produit imprimé. Le public cible est relié au but parce que le but doit convenir au public cible visé.

Matériel

Échantillons de divers genres de produits médiatiques

Feuilles reproductibles

FR 8 : Les buts des produits médiatiques (p. 26-28)

FR 9 : Les genres de produits médiatiques (p. 29-31)

FR 10 : Le public cible (p. 32-34)

FR 11 : But, genre et public cible (p. 35)

Comprendre le but

1. Invitez les élèves à dresser individuellement une liste des diverses façons dont ils ont communiqué avec d'autres personnes au cours de la semaine précédente. Pour les aider, posez-leur les questions suivantes :
   - Quels types de travaux m'avez-vous remis?
   - Avez-vous envoyé un courriel ou un texto à quelqu'un?
   - Avez-vous affiché un commentaire sur un site Web?
   - Avez-vous écrit une note à quelqu'un?
   - Avez-vous créé des images quelconques, telles qu'une photo, un diagramme ou une illustration?
2. Demandez aux élèves de choisir des exemples particuliers tels que remplir un questionnaire en classe, envoyer un texto à quelqu'un, prendre une photo d'un animal familier en train de faire quelque chose de drôle, puis envoyer la photo à quelqu'un. Pour chaque exemple, les élèves devront donner la raison de la communication. Le but du questionnaire est d'indiquer à l'enseignante ou enseignant ce que l'élève a appris. Le but du texto pourrait être de fixer un rendez-vous. Le but de la photo de l'animal pourrait être de divertir sa famille ou ses amis. Mettez l'accent sur le fait que chaque produit médiatique a un but.
3. Invitez les élèves à lire et à remplir la **FR 8 : Les buts des produits médiatiques**.

Examiner des produits médiatiques

1. Apportez en classe des échantillons de divers produits médiatiques. Exemples :
   - un cahier publicitaire d'un magasin de votre localité,
   - une publicité pleine page tirée d'un magazine,
   - un CD de musique,
   - une affiche (vous pourriez en emprunter une dans un couloir de l'école),
   - un livre informatif.
2. Montrez les produits aux élèves, un à la fois, et demandez : « Qu'est-ce que c'est? » Lorsque cela est nécessaire, reformulez les réponses des élèves afin de mettre l'accent sur le genre de produit. Par exemple, si une élève dit « Il s'agit d'une publicité pour des céréales », répondez-lui « Oui, c'est un exemple de publicité imprimée ». Une fois que les élèves ont identifié tous les objets, dites-leur qu'ils ont en fait identifié divers produits médiatiques.

3. Aidez les élèves à identifier les genres de produits médiatiques selon leurs caractéristiques, en leur posant des questions comme celles ci-dessous. Changez les questions de façon qu'elles conviennent au genre de produit dont il s'agit. Montrez le produit en posant les questions.
   - Quels indices vous font dire qu'il s'agit d'un cahier publicitaire?
   - Comment savez-vous qu'il s'agit d'une publicité imprimée plutôt que d'une section du magazine?
   - Comment savez-vous que ce livre informatif n'est pas un roman?
   - Quels indices vous font dire que ceci est une affiche plutôt qu'un dépliant?
4. Rappelez aux élèves que les caractéristiques d'un produit médiatique nous aident à en reconnaître le genre. Invitez les élèves à lire et à remplir la **FR 9 : Les genres de produits médiatiques**.

Tenir compte du public cible

1. Expliquez aux élèves que tout produit médiatique vise un public particulier, et que ce public peut être nombreux ou limité. Par exemple, un bottin téléphonique vise un public très nombreux (toutes les personnes qui utilisent un téléphone). Mais si un élève écrit sur un feuillet autoadhésif « Épreuve de maths jeudi », ce produit médiatique ne vise qu'un public très limité, c'est-à-dire seulement la personne qui a écrit la note.
2. Attirez l'attention des élèves sur les échantillons de produits médiatiques que vous avez apportés. Montrez-leur un des produits et demandez : « Pour quel public ce produit a-t-il été créé? » Encouragez les élèves à donner des réponses précises. Par exemple :
   - Un élève dit qu'un CD de musique pop a été créé pour un public composé de personnes qui aiment la musique. Demandez : « Pensez-vous que ce CD a été créé pour des enfants de moins de cinq ans? A-t-il été créé pour des personnes qui aiment seulement la musique country? »
   - Une élève dit qu'une publicité d'un magazine s'adresse à des personnes qui aimeraient acheter le produit annoncé. Demandez : « Quelles personnes aimeraient acheter ce produit? Attire-t-il plus les femmes que les hommes? Plairait-il à des personnes de tous les groupes d'âges? Présente-t-il des difficultés pour un groupe particulier de personnes ou intéresse-t-il surtout un groupe particulier de personnes? »
3. Invitez les élèves à lire et à remplir la **FR 10 : Le public cible**.
4. Demandez aux élèves d'examiner de nouveau les produits médiatiques que vous avez apportés. Aidez-les à identifier les conventions associées à chaque genre. Les élèves pourraient, par exemple, nommer les conventions ci-dessous pour un CD de musique :
   - Il est offert dans un boîtier de plastique transparent.
   - Un livret ou papier inséré dans la porte du boîtier sert de couverture au CD. Le livret peut contenir les paroles des chansons, des photos de l'artiste et les noms des personnes qui ont contribué à la production du CD.

- Le nom de l'artiste et le titre de l'album sont imprimés sur la face du CD.
- Le titre de chaque chanson (et souvent sa durée) est indiqué sur un papier inséré dans le dos du boîtier.

Renforcer et poursuivre ses apprentissages

Relier la source et le but

Expliquez aux élèves que, lorsqu'ils réfléchissent au but d'un produit médiatique, ils devraient se demander qui a créé le produit ou payé pour sa création, et dans quel but. Par exemple, vous présentez aux élèves le scénario suivant : « Quelqu'un vous remet un dépliant intitulé *Cinq bonnes raisons de manger des fruits frais.* » Posez ces questions aux élèves :

- Quels pourraient être les buts de ce dépliant?
- Si vous voyez que ce dépliant a été créé par un groupe appelé L'Association des producteurs de fruits du Canada, qu'est-ce que cela vous indique sur le but principal du dépliant?
- Si vous voyez que ce dépliant a été créé par un groupe appelé Médecins pour une alimentation santé, qu'est-ce que cela vous indique sur le but principal du dépliant?
- Selon vous, qui a payé pour la création du dépliant?

Reconnaître le but, le genre et le public cible

Fournissez aux élèves de nombreuses occasions de s'exercer à reconnaître le but, le genre et le public cible de divers produits médiatiques. Les élèves peuvent utiliser la **FR 11 : But, genre et public cible** pour noter les indices qui leur permettent de savoir pourquoi un produit médiatique a été créé, de quel genre de produit on s'est servi pour communiquer le message, et quel est le public cible du produit.

Les buts des produits médiatiques

Tout produit médiatique a un but. On crée un produit médiatique pour accomplir quelque chose. Voici trois des buts habituels des produits médiatiques.

Informer

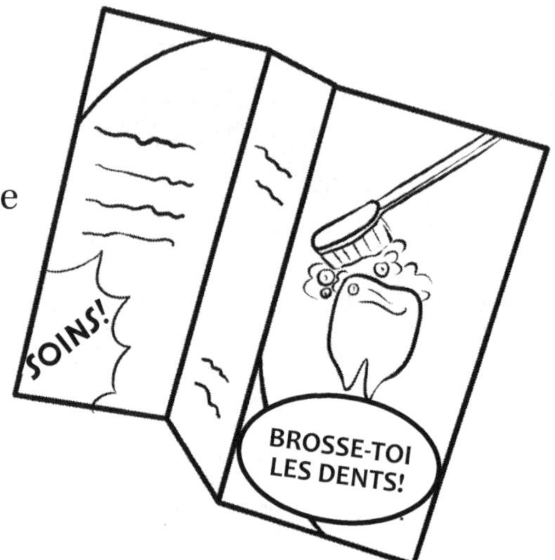

Certains produits médiatiques ont pour but d'informer les gens, c'est-à-dire de leur fournir de l'information. Le journal en est un bon exemple. Il informe les gens de ce qui se passe dans leur localité, leur pays et le monde. Un téléjournal a aussi pour but de fournir de l'information. Voici des exemples d'autres produits médiatiques ayant pour but d'informer :

- un dépliant sur l'importance de manger santé;
- une vidéo sur un site Web qui donne la marche à suivre pour faire quelque chose;
- un livre informatif sur les traditions de diverses cultures.

Persuader

Beaucoup de produits médiatiques ont pour but de persuader les gens de faire quelque chose comme acheter un produit particulier ou donner de l'argent à un organisme de charité. Une personne qui est candidate pour la mairie prononcera des discours afin de persuader les gens de voter pour elle. Voici des exemples d'autres produits médiatiques ayant pour but de persuader :

- un t-shirt portant le message « Mettez fin à la cruauté envers les animaux! »;
- un message d'intérêt public qui encourage les gens à se faire vacciner contre la grippe;
- une affiche de cinéma sur laquelle figurent des critiques positives au sujet d'un film.

suite à la page suivante ☞

Divertir

Beaucoup de produits médiatiques sont créés dans le but de divertir les gens. Les bandes-annonces, les vidéoclips, les bandes dessinées et les jeux vidéo en sont de très bons exemples. Ils nous font rire, chanter ou jouer.

Plus d'un but

Il n'est pas rare qu'un produit médiatique ait plus d'un but. Par exemple, un message publicitaire télévisé peut informer en expliquant les raisons pour lesquelles on doit manger des légumes, puis tenter de persuader les gens d'acheter une marque particulière de soupe aux légumes.

De nombreux produits médiatiques n'ont pas seulement pour but d'informer, de persuader ou de divertir. Ils visent à enrichir les personnes qui les ont créés. N'oublie jamais de te demander : « Ce produit médiatique aide-t-il quelqu'un à s'enrichir? » ou « Qui a payé pour la création de ce produit médiatique? »

Penses-y!

Les buts des produits médiatiques

Réfléchis aux buts des produits médiatiques ci-dessous. Pour chacun, mets un crochet dans la ou les colonnes appropriées. Prépare-toi à expliquer tes réponses.

Produit médiatique	Informer	Persuader	Divertir	S'enrichir
a) Un message publicitaire pour des céréales qui se sert de personnages drôles de bandes dessinées pour dire quelles vitamines le produit contient et pourquoi il est important de déjeuner				
b) Un nouveau CD de ta chanteuse préférée				
c) Un bulletin scolaire				
d) Un cahier publicitaire montrant les produits en solde dans une épicerie				
e) Un manuel de maths				
f) Un panneau d'arrêt				
g) Un texto t'invitant à une fête d'anniversaire et te donnant les indications pour te rendre à la maison où elle aura lieu				
h) Un message publicitaire télévisé pour un nouveau type de chaussures de course montrant un garçon qui fait des figures étonnantes sur sa planche à roulettes				
i) Une affiche décrivant un chiot perdu et offrant une récompense pour son retour				
j) Un panneau portant le message « Interdit de stationner. Tout véhicule stationné sera remorqué. »				

Les genres de produits médiatiques

Il y a différents genres de produits médiatiques. Si tu veux annoncer un produit, par exemple, tu pourrais utiliser l'un de ces genres : un message publicitaire télévisé, une circulaire, une affiche ou un panneau-réclame. Si tu veux expliquer aux gens pourquoi il est important de protéger l'environnement, tu pourrais utiliser l'un de ces genres : un livre, un article de magazine, un dépliant, un discours, un film documentaire, une affiche, une vidéo ou une chanson.

Les conventions des genres de produits

On pourrait dire que les conventions sont les caractéristiques qu'on retrouve généralement dans un certain genre de produit médiatique. Par exemple, la plupart des romans ont des chapitres. Les chapitres constituent donc une convention du genre de produit médiatique qu'est le roman. Dans les bandes dessinées, le dialogue est présenté dans des bulles. Les bulles constituent une convention des bandes dessinées. Voici quelques exemples de conventions pour divers genres de produits médiatiques :

Genre de produit médiatique	Conventions habituelles de ce genre
Jeu de société	• Chaque joueur a un pion. • Il y a un plateau avec des cases. Les pions se déplacent d'une case à l'autre.

suite à la page suivante ☞

Téléjournal 	• Une personne présente la plupart des nouvelles. • Des reportages filmés accompagnent les nouvelles présentées. • Des reporters fournissent des détails au sujet d'une nouvelle, souvent à partir de l'endroit où l'événement s'est produit.
Blogue 	• Il y a une série de billets, qui sont généralement des textes très courts. (Dans certains blogues, chaque billet se compose d'une ou de plusieurs photos.) • Une date indique quand chaque billet a été affiché.
Jeu vidéo 	• Le joueur a un but à atteindre. • Il y a plusieurs niveaux de jeu, et chaque niveau est plus difficile que le niveau précédent.

Réfléchis bien

Pense à un autre genre de produit médiatique et dresse la liste de ses conventions.

Genre de produit médiatique	Conventions habituelles de ce genre

Les genres de produits médiatiques

1. a) Nadine vient de faire un voyage inoubliable en Afrique. Chaque jour, elle a noté dans son journal ce qu'elle faisait et voyait. Elle a aussi beaucoup de photos et de vidéos de son voyage. Elle aimerait faire partager ses aventures à d'autres. Dresse une liste d'au moins trois genres de produits médiatiques qu'elle pourrait utiliser.

____

____

____

b) Relis les genres de produits que tu as écrits plus haut. Lequel de ces genres serait le plus efficace pour communiquer à d'autres l'information au sujet du voyage. Explique pourquoi ton choix de genre serait meilleur que les autres que tu avais indiqués.

____

____

____

2. Un jeu-questionnaire télévisé est un genre de produit médiatique. Dresse une liste d'au moins trois conventions qu'on retrouve souvent dans ce genre de produit médiatique.

____

____

____

3. Un calendrier mural est un genre de produit médiatique. Dresse une liste d'au moins quatre conventions qu'on retrouve dans la plupart des calendriers muraux.

____

____

____

Le public cible

Les produits médiatiques sont créés pour des publics particuliers, c'est-à-dire les personnes qui les verront ou les entendront. Parfois, le public se compose d'une seule personne. Si tu as un journal personnel, tu y écris pour toi-même. C'est donc toi qui es le public. Le public peut aussi comprendre diverses personnes. Un panneau d'arrêt est un produit médiatique qui s'adresse à toutes les personnes qui conduisent un véhicule, font du vélo ou marchent.

Beaucoup des produits médiatiques visent un public en particulier et non diverses personnes. Ce type de public est le *public cible*. Si tu crées un dépliant intitulé « Comment s'occuper d'un lapin », par exemple, tu t'adresses à un public composé des personnes qui possèdent un lapin ou songent à s'en procurer un. Ces personnes forment ton public cible.

Voici des exemples de produits médiatiques créés pour un public cible :

Produit médiatique	**Public cible**
Un message publicitaire annonçant un shampooing pour cheveux longs.	Personnes aux cheveux longs
Un article de magazine intitulé « Dix façons de devenir un meilleur joueur de basketball »	Personnes qui jouent au basketball
Un site Web donnant une liste de rabais pour les personnes âgées	Personnes âgées
Un livre à colorier contenant des images de personnages féminins de contes de fées	Petites filles

suite à la page suivante ☞

Créer des produits médiatiques pour un public cible

Quand tu crées un produit médiatique, tu dois tenir compte de ton public cible. Si tu rédiges un livre d'images pour de jeunes enfants, par exemple, tu utiliseras des mots qu'ils peuvent facilement comprendre. Les jeunes enfants aiment regarder les images d'un livre, alors tu ferais bien de mettre beaucoup d'images dans ton livre.

Les publicitaires

Les publicitaires travaillent fort à créer des publicités imprimées et télévisées qui attireront l'attention des personnes qui pourraient acheter leurs produits. Ils ont appris, par exemple, que les femmes font le marché pour la famille plus souvent que les hommes. Ce sont donc elles qui choisissent le détergent à lessive. As-tu remarqué que les publicités pour les détergents à lessive montrent presque toujours des femmes? La plupart des publicitaires croient que les femmes accorderont plus d'attention à une publicité pour un détergent à lessive qui met en vedette une femme.

Réfléchis bien

Plie une grande feuille de papier en deux. Découpe des publicités qui s'adressent aux jeunes, puis colle-les sur un côté de ta feuille. Sur l'autre côté, colle des publicités qui s'adressent aux adultes. Note par écrit leurs ressemblances et leurs différences. Compare d'autres publics cibles, tels que des propriétaires de chats et des propriétaires de chiens.

Le public cible

1. Pense à une publicité que tu as vue plusieurs fois.

a) Quel type de produit ou service la publicité annonce-t-elle?

____

b) Décris le public cible pour cette publicité.

____

c) Donne les indices qui t'ont permis de déterminer le public cible. (Pense au produit ou service, et à ce que montre la publicité.)

____

____

____

____

____

2. Décris le public cible pour chacun des produits médiatiques ci-dessous. Pour certains des produits, il pourrait y avoir plus d'un public cible.

a) un bulletin de nouvelles de classe : ______________________

b) une chanson que tu chantes dans un concours d'amateurs :

____

c) une invitation à une fête d'anniversaire : ______________________

d) une affiche annonçant une vente de pâtisseries à ton école pour recueillir des fonds :

____

e) une brochure intitulée *Dix légumes à faire pousser dans ton potager* :

____

f) l'étiquette d'une bouteille de sirop contre la toux pour enfants :

____

But, genre et public cible

Sers-toi de cette feuille pour indiquer le but, le genre et le public cible d'un produit médiatique.

But ou buts
Indices qui m'aident à déterminer le ou les buts :
Genre
Indices (ou conventions) qui m'aident à déterminer le genre :
Public cible :
Indices qui m'aident à déterminer le public cible :

Produits médiatiques imprimés

Information de base

Produit médiatique imprimé : On utilise parfois ce terme pour tout produit médiatique qui est produit sur papier, souvent au moyen d'une presse à imprimer. Cependant, il y a beaucoup d'autres exemples de ce type de produit, y compris l'acétate, le dirigeable portant le logo d'une entreprise, ainsi que les textes écrits à la main ou imprimés à partir d'un ordinateur. Ce type de produit ne contient pas toujours des mots. Une photo imprimée sur papier, par exemple, est une forme de produit médiatique imprimé.

Matériel

Feuilles reproductibles

FR 12 : Produits médiatiques imprimés (p. 39-41)

FR 13 : Caractéristiques d'un produit médiatique imprimé (p. 42)

Organisateurs graphiques

OG 1 : Toile d'idées (p. 110)

OG 2 : Planificateur de rédaction (p. 111)

Présentation du sujet

1. Expliquez aux élèves que la plupart des produits médiatiques que nous voyons ou entendons chaque jour sont des *produits médiatiques imprimés*. Au tableau ou sur une feuille grand format, faites un tableau à deux colonnes portant respectivement les titres « Produits médiatiques imprimés » et « Produits médiatiques non imprimés ». Demandez aux élèves de vous donner des exemples de produits médiatiques imprimés. Notez leurs suggestions dans la colonne appropriée. Si les élèves suggèrent des produits médiatiques qui ne sont pas des imprimés, dites : « Non, ce n'est pas un produit médiatique imprimé. Je vais donc le noter dans l'autre colonne. » Ne donnez pas d'explications pour le moment.
2. Les élèves donneront probablement plus d'exemples de produits médiatiques imprimés que de produits non imprimés. Encouragez-les ensuite à fournir des exemples de produits médiatiques que vous pourriez noter dans la deuxième colonne.
3. Dites aux élèves : « Passez en revue les produits médiatiques que j'ai notés dans chaque colonne. Servez-vous de ces exemples pour écrire une définition du terme "produit médiatique imprimé". » Les élèves pourraient faire cet exercice à deux ou en petits groupes.
4. Invitez plusieurs élèves, équipes de deux ou petits groupes à communiquer leur définition à leurs camarades. Demandez aux élèves de choisir ensemble une définition de classe, avec votre aide en cas de besoin. Aidez-les à modifier leur définition, si nécessaire, en leur posant des questions comme « Une lettre écrite à la main est-elle un exemple de produit médiatique imprimé? Quand une photo est-elle un exemple de produit médiatique imprimé? »

Explorer l'histoire et l'avenir des produits médiatiques imprimés

1. Expliquez aux élèves qu'il y a 100 ans, la plupart des produits médiatiques étaient des imprimés. Invitez-les à donner des exemples de produits médiatiques utilisés il y a 100 ans.
2. Dites aux élèves que certains genres de produits médiatiques ne sont plus utilisés aussi souvent qu'il y a 100 ans. Invitez-les à expliquer pourquoi. Si les élèves ont de la difficulté à expliquer cette situation, fournissez-leur un exemple : « La lettre était un important moyen de communication il y a 100 ans. Selon vous, pourquoi les gens écrivent-ils des lettres moins souvent qu'avant? »
3. Invitez les élèves à lire et à remplir la **FR 12 : Produits médiatiques imprimés**.

Création de toiles d'idées sur les produits médiatiques

Les élèves pourraient utiliser les organisateurs graphiques de diverses façons pour montrer l'information apprise au sujet des produits médiatiques imprimés. Ils pourraient, par exemple, créer une toile qui montrerait :

- les conventions associées à un genre particulier de produit médiatique imprimé;
- des exemples de produits médiatiques imprimés qui jouent un rôle important dans nos vies.

Renforcer et poursuivre ses apprentissages

Analyser les produits médiatiques imprimés

Formez de petits groupes d'élèves, puis remettez un produit médiatique imprimé à chaque groupe. Invitez chaque groupe à noter, sur la **FR 13 : Caractéristiques d'un produit médiatique imprimé**, les caractéristiques et les conventions associées à leur produit, et à y expliquer comment elles aident les lecteurs. Remettez-leur des imprimés tels qu'un manuel scolaire, un dictionnaire, une bande dessinée, une brochure, etc.

D'autres suggestions

Analyse des livres d'images : Discutez avec les élèves du rôle que jouent les illustrations et les polices de caractères dans la narration de l'histoire et la création d'une ambiance. Expliquez que ces choix ont été faits par les auteurs et les illustrateurs. Voici quelques amorces de discussions :

- Que ressentez-vous quand vous regardez cette illustration? Pourquoi?
- Qu'a fait l'illustratrice ou illustrateur pour vous faire ressentir ces émotions?
- Quelles couleurs semblent importantes dans cette illustration? Pourquoi?
- Que ressentez-vous en voyant les couleurs de cette illustration? Pourquoi?

Chasse aux caractéristiques d'un journal : Une chasse aux caractéristiques est une excellente façon pour la classe d'explorer le contenu et les caractéristiques d'un journal. Exemples :

- Trouvez le gros titre.
- Trouvez les données de parution.
- De quoi parle l'éditorial?
- Trouvez un énoncé de faits.
- Trouvez un énoncé d'une opinion.
- Trouvez le nom de la rédactrice ou du rédacteur en chef.
- Trouvez la section des bandes dessinées.
- Nommez un article dans la section des sports.
- Nommez toutes les sections du journal.
- Trouvez le nom de l'auteure ou auteur d'un article.
- Trouvez une publicité.
- Trouvez les prévisions météorologiques.
- Quel article aimeriez-vous lire? Pourquoi?

Album de découpures d'imprimés : Invitez les élèves à créer un mini-album de découpures contenant cinq ou six exemples de différents genres de produits médiatiques imprimés, tels qu'une carte postale, une carte d'affaires, une recette, un dépliant et un reçu de caisse. Pour chaque exemple, les élèves en noteront le but, le genre et le public cible, ainsi que les conventions ou caractéristiques.

Produits médiatiques imprimés

Les produits médiatiques imprimés forment une catégorie qui comprend tous les produits médiatiques imprimés sur papier.

Exemples de ces produits médiatiques

- journal
- magazine
- cahier publicitaire
- menu
- livre
- photo imprimée
- carte de souhaits
- panneau-réclame
- dépliant
- calendrier mural
- invitation

Une brève histoire des produits médiatiques imprimés

Il y a très longtemps, les livres et autres textes étaient créés à la main. Imagine combien de temps il fallait pour créer un exemplaire d'un livre rédigée entièrement à la main! On nommait « scribes » les personnes qui rédigeaient les livres. À cette époque, les livres coûtaient très cher, et seules les personnes riches pouvaient se permettre de les acheter.

Plus tard, quand on a commencé à utiliser des presses à imprimer, on a pu produire les livres et autres textes en grande quantité, plus rapidement et à meilleur coût. C'est grâce à la presse à imprimer qu'on a inventé des produits médiatiques tels que les journaux et les magazines, et que ceux-ci sont vite devenus très populaires.

suite à la page suivante ☞

L'avenir des produits médiatiques imprimés

L'invention des ordinateurs et d'Internet a eu des effets considérables sur le monde des produits médiatiques imprimés. De nos jours, beaucoup de gens préfèrent lire leur journal ou magazine préféré en ligne. De plus en plus de gens achètent des livres numériques plutôt que des livres imprimés sur papier. Les gens peuvent même obtenir leur facture téléphonique et leur relevé bancaire par courriel plutôt que par la poste.

Certaines personnes croient que plusieurs genres de produits médiatiques imprimés vont bientôt disparaître. Viendra-t-il bientôt un jour où des produits médiatiques imprimés tels que les livres et les magazines ne seront plus offerts que sur les ordinateurs portatifs, les cellulaires et les tablettes? Les librairies et les kiosques à magazines appartiendront-ils au passé? Qui vivra verra.

Essaie ceci!

Demande aux gens combien de temps ils passent chaque jour à lire des textes imprimés sur papier et combien de temps ils passent à lire des textes sur un dispositif numérique. Communique les résultats de ton sondage à tes camarades, puis discutes-en avec eux.

Produits médiatiques imprimés

1. Dresse une liste d'au moins quatre genres de produits médiatiques imprimés qui ne sont pas mentionnés dans l'article.

____

____

____

____

2. Quels genres de produits médiatiques imprimés as-tu déjà créés? Tu peux donner des exemples de travaux scolaires ou des exemples de textes écrits n'ayant rien à voir avec l'école.

____

____

____

3. Certains panneaux-réclames sont couverts de petites lumières qu'on allume de façon à créer des mots ou des images. Ce type de panneau-réclame est-il un exemple d'un produit médiatique imprimé? Pourquoi?

____

____

____

4. Imagine qu'on ne vend plus de livres sur papier et que tu peux lire seulement des livres numériques. Que penserais-tu de cette situation? Explique ta réponse.

____

____

____

____

____

Caractéristiques d'un produit médiatique imprimé

Sers-toi de cette feuille pour noter les caractéristiques que tu relèves dans un produit médiatique imprimé, et explique comment chaque caractéristique aide les lecteurs.

Produit médiatique imprimé : ______________________

Caractéristique	Comment la caractéristique aide les lecteurs

Produits médiatiques numériques

Information de base

Produit médiatique numérique : Produit créé et stocké au moyen d'un dispositif électronique ou d'une plate-forme médiatique qui permet aussi d'interagir avec d'autres personnes, avec un autre dispositif ou avec une application. Ces dispositifs comprennent l'ordinateur, le cellulaire, l'appareil photo numérique, les sites de réseautage social et les jeux vidéo. Les produits médiatiques numériques peuvent comprendre des sons, des images fixes, des dessins animés, des photos et des vidéos.

Matériel

- Un ordinateur en classe ou l'accès à un laboratoire d'informatique
- Trois ou quatre sites Web choisis au préalable que les élèves pourront analyser

Feuilles reproductibles

FR 14 : Produits médiatiques numériques (p. 47-49)

FR 15 : Produits médiatiques imprimés et numériques (p. 50)

FR 16 : Analyse d'un site Web (p. 51-52)

FR 17 : Sites Web que je recommande (p. 53)

FR 18 : Sondage – Le bon sens sur Internet (p. 54-55)

FR 19 : Opinion – Les enfants et les produits médiatiques numériques (p. 56-57)

FR 20 : La sécurité sur Internet (p. 58-60)

FR 21 : Les produits médiatiques numériques – Questions incitatives (p. 61)

Présentation du sujet

1. La plupart des élèves sauront déjà qu'il existe plusieurs genres de produits médiatiques numériques, mais ils ne connaîtront peut-être pas le sens du terme « numérique ». Expliquez-leur que les dispositifs électroniques stockent les données ainsi que les textes, photos et jeux vidéo sous forme de caractères numériques (généralement 1 ou 0). C'est l'utilisation de caractères numériques qui a mené au terme « numérique » pour désigner un produit créé sur ces dispositifs.
2. Expliquez aussi aux élèves que l'une des plus grandes différences entre les produits médiatiques imprimés et les produits médiatiques numériques est que ces derniers fournissent une plate-forme pour la création, le partage et la communication des opinions et des idées. Quand on lit un imprimé, on ne fait que recevoir un message médiatique. Le produit médiatique numérique, par contre, fournit de nombreuses occasions de réagir à des messages médiatiques. On peut, par exemple, communiquer ses idées au moyen du réseautage social, de la messagerie instantanée, des blogues ou des textos, ou encore en téléchargeant des vidéos et des photos.
3. Faites un remue-méninges en groupe-classe afin de dresser une liste des dispositifs électroniques qu'on utilise communément aujourd'hui, tels que l'ordinateur portable, le cellulaire, la tablette, le lecteur de musique à écran tactile, etc. Au besoin, amenez les élèves à mentionner aussi des dispositifs servant à stocker des produits médiatiques, tels que le lecteur de disque dur externe, la clé USB, le lecteur de musique portable, le CD et le DVD.
4. Passez en revue avec les élèves la liste de dispositifs électroniques créée au cours du dernier exercice. Si les élèves ont créé une longue liste, choisissez-en quelques éléments seulement sur lesquels mettre l'accent. Pour chacun, posez les questions suivantes :
   - Ce dispositif permet-il de créer un produit médiatique numérique? Joue-t-il ou montre-t-il un produit médiatique numérique? Permet-il de stocker un produit médiatique numérique?
   - Quels genres de produits médiatiques numériques associez-vous à ce dispositif?
   - Comment pouvez-vous échanger des idées avec d'autres personnes si vous vous servez de ce dispositif?
5. Invitez les élèves à lire et à remplir la **FR 14 : Produits médiatiques numériques**.

Transfert des connaissances acquises

Pour aider les élèves à comprendre qu'une grande partie de ce qu'ils ont appris sur les produits médiatiques imprimés est aussi applicable aux produits médiatiques numériques, vous pourriez les inviter à discuter, à deux ou en petits groupes, de la question « En quoi ces deux types de produits médiatiques se ressemblent-ils? » Demandez aux élèves de dresser une liste de leurs idées afin de pouvoir en discuter par la suite en groupe-classe. Les élèves offriront peut-être les idées suivantes :

- Beaucoup des produits médiatiques disponibles sous forme d'imprimés sont aussi disponibles sous forme numérique (par exemple les romans, les photos, les publicités, les journaux, les magazines).

- On retrouve beaucoup des conventions et des caractéristiques des produits médiatiques imprimés dans les numériques (par exemple un roman imprimé et un roman numérique sont tous deux divisés en chapitres).
- Tous les produits médiatiques, qu'ils soient imprimés ou numériques, ont un but, un genre et un public cible.

Analyse de sites Web

Internet offre de l'information, des photos et des vidéos en grande quantité, avec seulement quelques clics de souris. Discutez avec les élèves de l'importance d'examiner et d'évaluer les sites Web. Comme la plupart des élèves connaissent déjà bien divers types de sites Web, vous pourriez vous servir de ceux-là comme point de départ pour une analyse des produits médiatiques numériques.

1. Avant que les élèves fassent cette activité, choisissez et marquez d'un signet trois ou quatre types différents de sites Web comme exemples. N'oubliez pas de visiter les sites vous-même avant de les montrer aux élèves. Exemples de sites possibles :
   - un site d'actualités,
   - un site de musique,
   - un site de blogues,
   - un site scolaire,
   - un forum (par exemple, plusieurs forums aident les gens qui ont des problèmes informatiques),
   - un site informatif.
2. Faites une brève visite guidée de la page d'accueil du site avec les élèves en leur posant des questions telles que :
   - Le site offre-t-il de l'information ou des indices sur la ou les personnes qui l'ont créé? Quels sont les buts de ce site?
   - Comment le site utilise-t-il les éléments graphiques, tels que la couleur (pour le texte et l'arrière-plan), les photos, les schémas et les illustrations?
   - Quelle technique ce site utilise-t-il le plus pour communiquer ses messages? Les éléments graphiques, l'animation, les sons ou le texte?
   - Lesquelles des conventions habituelles des sites Web peut-on voir sur ce site? (Par exemple un menu de navigation, des photos ou d'autres éléments graphiques sur lesquels on peut cliquer pour agrandir les images, des hyperliens, des liens vers d'autres sites traitant d'un sujet connexe)
   - Selon vous, quel est le public cible de ce site? Comment le savez-vous?
   - Selon ce que vous avez vu sur ce site, est-ce un bon site? Croyez-vous qu'on pourrait l'améliorer? Si oui, comment?
3. Invitez les élèves à se servir de la **FR 15 : Produits médiatiques imprimés et numériques** pour noter toutes les fois où ils utilisent l'un ou l'autre de ces produits au cours d'une journée. Le lendemain, demandez aux élèves de présenter leurs résultats. Indiquez les réponses au tableau ou sur une feuille grand format. Pour chaque produit, faites le compte du nombre d'élèves qui l'ont utilisé. Déterminez les tendances et discutez-en tous ensemble.

4. Invitez les élèves à utiliser la **FR 16 : Analyse d'un site Web** pour noter les résultats de l'analyse d'un site choisi dans une liste que vous aurez dressée au préalable. Une fois les analyses faites, demandez aux élèves d'en communiquer les résultats à la classe et d'expliquer leur raisonnement.
5. Demandez aux élèves de remplir la **FR 17 : Sites Web que je recommande**. Invitez-les à faire part de leurs trouvailles à la classe. Relevez les tendances pour l'ensemble des élèves.
6. Demandez aux élèves de remplir la **FR 18 : Sondage – Le bon sens sur Internet** et discutez tous ensemble de leurs réponses.
7. Invitez les élèves à lire la **FR 19 : Opinion – Les enfants et les produits médiatiques numériques**, puis à la remplir. Demandez-leur ensuite de présenter leur opinion à la classe.
8. Invitez les élèves à lire la **FR 20 : La sécurité sur Internet**. Discutez ensemble de chacune des sections. Demandez-leur s'ils ont entendu parler d'autres règles de sécurité reliées à Internet. (Parlez-leur des logiciels conçus spécialement pour assurer la sécurité des ordinateurs et de leurs utilisateurs.)

Renforcer et poursuivre ses apprentissages

Discussion ou rédaction

Vous pouvez utiliser de différentes façons les questions de la **FR 21 : Les produits médiatiques numériques – Questions incitatives** :

- Choisissez les questions appropriées pour diriger des discussions à deux, en petits groupes ou en groupe-classe. Vous pourriez faire connaître les questions aux élèves avant la discussion et leur demander de noter leurs réponses. Donner aux élèves le temps de réfléchir d'abord aux questions produira une discussion plus enrichissante et encouragera la participation d'élèves plus timides.
- Laissez de petits groupes ou des équipes de deux choisir les questions qui les intéressent, puis utilisez ces questions pour diriger leur discussion.
- Choisissez (ou invitez les élèves à choisir) des questions qui serviront d'amorces pour des réflexions dans leur journal de bord.

Imaginer les médias numériques de l'avenir

Passez en revue avec les élèves les progrès qui ont été accomplis dans le monde des médias numériques au cours de la dernière décennie. Puis invitez-les à imaginer les progrès que connaîtront ces médias dans les 10 ou 15 prochaines années. Les élèves pourraient faire un remue-méninges en petits groupes, puis présenter leurs idées à la classe. Comme activité de suivi, vous pourriez demander à des élèves qui s'intéressent aux médias numériques de faire une recherche sur les améliorations planifiées ou déjà en cours. Les élèves pourraient ensuite présenter les résultats de leur recherche à la classe.

Produits médiatiques numériques

Les produits médiatiques numériques comprennent les produits médiatiques qui peuvent être stockés et diffusés au moyen d'un dispositif électronique (y compris le cellulaire et le lecteur de musique portable), d'un CD ou d'un DVD. Ces produits peuvent être créés sur des dispositifs tels qu'un ordinateur, un appareil photo numérique ou un caméscope. Ils comprennent tous les produits créés, produits ou diffusés au moyen d'une plate-forme numérique, telle que la presse électronique. Toutes les émissions de télévision et de radio sont maintenant produites de façon numérique et beaucoup sont transmises en continu en ligne.

Genres de produits médiatiques numériques

Après l'invention d'Internet, de nouveaux genres de produits médiatiques ont fait leur apparition. Exemples :

Site Web : Un site Web est un ensemble de pages. Le site peut se concentrer sur un sujet ou contenir de l'information sur divers sujets.

Blogue : Un blogue peut être une section d'un site Web ou le seul élément du site. Un blogue se compose de plusieurs billets distincts (souvent, chacun des billets est daté), et chaque billet est généralement très court (se compose souvent d'un à trois ou quatre paragraphes). La plupart des blogues sont mis à jour régulièrement au moyen de nouveaux billets. Certains blogues comprennent des photos, alors que d'autres ne contiennent que des photos et un peu de texte, ou pas de texte du tout. Beaucoup de blogues sont créés par des personnes qui veulent faire connaître leurs idées, leurs opinions et leurs intérêts. Ces blogues sont un peu comme des journaux personnels en ligne.

suite à la page suivante ☞

Texto : Le texto, ou message texte, est généralement très court. Il contient souvent des formes abrégées telles que « A+ » pour « À plus tard », ainsi que des binettes ou émoticônes, c'est-à-dire des symboles et des signes de ponctuation servant à créer des visages qui expriment des émotions comme :) – un visage souriant indiquant que la personne qui envoie le message est heureuse ou rit de quelque chose.

L'« ancien » devient numérique

Les produits médiatiques produits avant l'invention de l'ordinateur, par exemple les émissions de télévision et de radio, les films, les chansons et les divers genres de produits médiatiques imprimés, peuvent devenir des produits numériques lorsqu'on les stocke ou les diffuse au moyen d'un ordinateur. Les émissions de télévision et les films peuvent être stockés sous forme de fichiers vidéo. Les chansons peuvent être téléchargées et stockées sous forme de fichiers de musique. On peut écouter des émissions de radio en ligne sous forme de fichiers audio appelés *balados*.

Presque tous les genres de produits médiatiques imprimés peuvent être créés et stockés dans un ordinateur. L'information et les éléments graphiques imprimés sur papier peuvent être scannés pour devenir des fichiers informatiques. Grâce à la technologie informatique, il est très facile de transformer les produits médiatiques diffusés « à l'ancienne » en des produits médiatiques numériques.

Produits médiatiques numériques

1. Si tu as créé ton propre site Web ou blogue, explique pourquoi tu l'as créé. Si tu n'as pas de site Web ou de blogue, explique pourquoi tu voudrais ou ne voudrais pas en créer un. (Si tu ne sais pas quoi faire pour créer l'un ou l'autre, tu devras supposer que quelqu'un t'aiderait à le faire.)

____

____

____

____

2. Compare l'usage que tu fais des produits médiatiques diffusés « à l'ancienne » à celui que tu fais des produits numériques. Indique combien de temps environ (en heures) tu consacres en une semaine à faire ce qui suit.

Produits diffusés « à l'ancienne »	Nombre d'heures	Produits numériques	Nombre d'heures
Regarder la télévision, voir un film au cinéma		Regarder une vidéo sur Internet, regarder un film sur un ordinateur ou au moyen d'un lecteur de DVD	
Écouter de la musique à la radio		Écouter de la musique sur un CD ou de la musique que tu as téléchargée d'Internet	
Lire des produits médiatiques imprimés tels qu'un livre ou un magazine		Lire un texte sur Internet (sur un site Web ou dans un blogue), lire un livre numérique	
Jouer à un jeu de société, faire des mots croisés ou un sudoku, trouver des mots cachés, le tout sous forme imprimée		Jouer à un jeu vidéo (à la télévision ou sur un ordinateur), faire des mots croisés ou un sudoku, trouver des mots cachés, le tout en ligne	

FR 15

Produits médiatiques imprimés et numériques

Pendant une journée entière, note toutes les façons dont tu utilises des produits médiatiques imprimés et des produits médiatiques numériques. Dans la colonne « Produits médiatiques imprimés », tu pourrais écrire « J'ai cherché un mot dans un dictionnaire imprimé sur papier ». Dans la colonne « Produits médiatiques numériques », tu pourrais écrire « J'ai trouvé de l'information en ligne pour un devoir ».

Produits médiatiques imprimés	Produits médiatiques numériques

Analyse d'un site Web

Adresse du site Web : ______________________________

Quel est le but du site Web? Explique ta réponse.	❑ Informer ❑ Persuader ❑ Divertir
Les créateurs du site Web donnent-ils leurs noms et leur adresse courriel?	
Le site Web est-il mis à jour? Indique-t-il la date à laquelle il a été mis à jour ou modifié?	
Quel en est le public cible? Comment le sais-tu?	

suite à la page suivante ☞

Est-il facile de naviguer sur ce site?	
Quelles composantes technologiques le site utilise-t-il pour communiquer ses messages? Des éléments graphiques, des images animées, des sons ou du texte?	
Le site cherche-t-il à obtenir quelque chose? Explique ta réponse.	
Quels sont les messages clairs et les messages cachés de ce site?	
Recommanderais-tu ce site? Pourquoi?	

Sites Web que je recommande

Site Web	But du site Web	Ce que j'aime du site

Sondage – Le bon sens sur Internet

Fais ce sondage et réfléchis aux règles de sécurité que tu suis quand tu utilises Internet.

Mes règles de sécurité	Toujours	Parfois	Jamais
Je ne donne aucune information personnelle telle que mon nom, mon âge, mon adresse ou le nom de mon école.			
J'envoie une photo de moi-même à un cybercopain seulement avec la permission de mes parents ou mes tuteurs.			
Je fais un face-à-face virtuel avec un cybercopain seulement avec la permission de mes parents ou mes tuteurs.			
Si je vois de l'information qui me met mal à l'aise, j'en informe tout de suite mes parents ou mes tuteurs.			
Je ne réponds à aucun message qui est méchant ou me met mal à l'aise. Si je reçois ce type de message, j'en informe tout de suite mes parents ou mes tuteurs.			
Je n'ajoute pas à mes listes d'amis des personnes que je ne connais pas.			

suite à la page suivante ☞

Je révèle mes mots de passe seulement à mes parents ou à mes tuteurs (pas même à mes meilleurs amis).			
Je suis une bonne citoyenne ou un bon citoyen en ligne et je ne fais rien qui puisse blesser quelqu'un ou qui soit illégal.			
Avant de télécharger ou d'installer un logiciel, ou encore de faire quoi que ce soit qui pourrait endommager notre ordinateur ou appareil mobile, ou mettre en danger notre vie privée, j'en parle à mes parents ou à mes tuteurs.			

Relis tes réponses. Es-tu vraiment en sécurité quand tu vas en ligne? Explique ta réponse.

____

____

____

____

____

Le savais-tu?

Nétiquette : Ensemble de règles de comportement applicables à l'usage des réseaux informatiques, particulièrement Internet.

Réseau social – Communauté en ligne de personnes qui communiquent entre elles au moyen d'un site Web ou d'autres services technologiques.

Opinion – Les enfants et les produits médiatiques numériques

On peut avoir accès aux produits médiatiques numériques 24 heures par jour, 365 jours par année! Si on leur en donnait la permission, les enfants pourraient afficher des messages, utiliser la messagerie instantanée, télécharger des fichiers et envoyer des textos presque tout le temps et partout. Souvent, les parents et les tuteurs ont des règles très strictes quant à ce que les enfants peuvent et ne peuvent pas faire.

Es-tu d'accord ou en désaccord avec ces adultes? Donne ton opinion et explique ton raisonnement ci-dessous.

Mon opinion

Raison

suite à la page suivante ☞

Détails à l'appui

Raison

Détails à l'appui

Exprime de nouveau ton opinion

La sécurité sur Internet

Internet est une ressource extraordinaire. Beaucoup de gens disent que leur vie serait difficile sans Internet. Sais-tu comment être en sécurité en ligne? Voici quelques conseils.

Réseautage social et messagerie instantanée

Les sites de réseautage social et de messagerie instantanée (souvent appelée MI) peuvent être d'excellentes façons de rester en contact avec des amis. Mais fais attention!

- Quand tu établis un profil personnel, tu dois généralement donner de l'information sur toi-même, comme ton nom, ton adresse, ton adresse courriel, ton numéro de téléphone, etc. Cette information pourrait être mise à la disposition d'autres personnes. Avant d'établir un profil, demande à tes parents ou à tes tuteurs de t'aider. Il faut que tu saches qui aura accès à tes renseignements personnels et quels moyens tu peux prendre pour que ces renseignements ne soient pas divulgués. Ne mets pas ta photo dans ton profil!
- Ne te sers pas des sites de réseautage social et de MI pour communiquer avec des personnes que tu ne connais pas dans la vraie vie. Si tu fais une nouvelle rencontre sur Internet, assure-toi d'en informer tes parents et tes tuteurs. N'organise jamais de rencontre face à face avec une personne rencontrée sur Internet à moins que tes parents ou tes tuteurs ne puissent t'accompagner.
- Fais attention à ce que tu dis dans un message instantanée ou sur un site de réseautage social. Tes commentaires peuvent être copiés et envoyés à quelqu'un d'autre. Même si tu fais confiance à ton amie ou ami, qu'arrivera-t-il si vous vous disputez ou si quelqu'un vole l'ordinateur portable ou le cellulaire de ton amie ou ami?

suite à la page suivante ☞

Mots de passe

Tu as besoin d'un mot de passe pour avoir accès à tes courriels et pour beaucoup d'autres services en ligne. Voici quelques conseils en ce qui concerne tes mots de passe.

- Tu peux divulguer tes mots de passe à tes parents ou à tes tuteurs, mais ne les divulgue à personne d'autre, pas même à tes meilleurs amis.
- Choisis des mots de passe difficiles à deviner. Ils devraient se composer de lettres et de chiffres choisis au hasard. N'utilise pas le même mot de passe pour divers sites Web. Tu devras donc noter tes mots de passe, mais garde-les dans un endroit sécuritaire ou communique-les à tes parents ou à tes tuteurs. Change tes mots de passe régulièrement.

Courrier électronique

Le courrier électronique semble être une façon sécuritaire de communiquer avec les gens, mais tu dois faire preuve de prudence quand tu t'en sers.

- Ne choisis pas une adresse courriel qui contient ton nom complet. Évite de choisir une adresse qui permettrait aux gens de deviner ton nom complet.
- N'oublie pas que tout courriel que tu envoies peut être retransmis à d'autres personnes. Alors fais attention à ce que tu y dis.
- Un pourriel est un courriel envoyé à des milliers de personnes qui n'ont pas choisi de le recevoir. Un pourriel peut être dangereux et peut contenir des virus qui endommageraient ton ordinateur. Les pourriels sont parfois envoyés par des personnes qui veulent t'amener par la ruse à fournir des renseignements personnels. Avant d'ouvrir un courriel, vérifie le nom de l'expéditrice ou expéditeur. Si tu ne connais pas la personne, efface le courriel sans l'ouvrir.
- Si tu reçois un grand nombre de pourriels, demande à tes parents ou tuteurs de t'aider à trouver une solution. N'oublie pas que, si un site Web te demande ton adresse courriel avant que tu puisses jouer à un jeu ou participer à un sondage, quelqu'un t'enverra probablement des pourriels par la suite.

suite à la page suivante ☞

Prends garde à la cyberintimidation... et n'en fais pas toi-même!

Les intimidateurs qui utilisent Internet pour blesser les autres posent un grave problème.

- Si tu te sers d'Internet pour intimider les autres, tu peux t'attirer de sérieux ennuis! Que tu sois en ligne ou hors ligne, n'oublie jamais cette règle : « Traite les autres comme tu aimerais qu'ils te traitent. »
- Si quelqu'un t'intimide – que ce soit en ligne ou hors ligne –, informes-en tes parents ou tes tuteurs. Si quelqu'un t'envoie un courriel, une pièce jointe, un texto ou un lien à un site Web qui te met mal à l'aise, informes-en toujours tes parents ou tes tuteurs.

Informe-toi davantage sur la sécurité en ligne

Les conseils que nous t'avons donnés ne sont qu'un début. Voici quelques façons d'en apprendre davantage à ce sujet :

- Tape « Sécurité en ligne enfants » dans un moteur de recherche. Beaucoup de sites Web te donneront de l'information à ce sujet.
- Discute avec tes parents ou tes tuteurs de la sécurité en ligne. Et informe-les toujours de ce que tu fais en ligne.

Réfléchis bien

Sur une autre feuille de papier, rédige une ébauche d'un message d'intérêt public qui donne des règles de sécurité en ligne pour les enfants. Quand tu auras fini, lis ton message à ta classe. Sers-toi de cette liste de vérification au besoin :

- ❑ Mon message d'intérêt public contient un message clair au sujet de la sécurité en ligne pour les enfants.
- ❑ Mon message dure de 15 à 30 secondes.
- ❑ J'ai créé un message d'intérêt public qui capte l'attention de mon public cible (enfants ou adultes).
- ❑ Je me suis exercé(e) à lire mon message avec le ton approprié.

Les produits médiatiques numériques - Questions incitatives

Les questions ci-dessous t'aideront à te préparer pour une discussion, à diriger une discussion ou à trouver des idées pour une inscription dans ton journal de bord. Tu peux noter, sur une autre feuille de papier, des idées qui t'aideront à entreprendre ta tâche.

1. De quelles façons les produits médiatiques numériques te rendent-ils la vie plus facile? (Tiens compte des produits médiatiques numériques que tu crées, ainsi que des genres de produits que tu lis, regardes ou écoutes.)

2. Internet joue-t-il un rôle important dans ta vie? Si tu n'avais plus accès à Internet, quel aspect te manquerait le plus? Pourquoi?

3. Certaines personnes ont des carrières qui leur permettent de créer des produits médiatiques numériques (auteurs Web, créateurs de jeux vidéo, graphistes). Ce type de carrière t'intéresserait-il? Pourquoi?

4. Quels sont certains des aspects négatifs des médias numériques? (Exemple : Il est facile d'y truquer ou d'y modifier une photo, puis de la faire passer pour une vraie.) Réfléchis aux aspects négatifs de divers genres de produits médiatiques numériques.

Déconstruction des messages

Information de base

S'ils veulent bien comprendre ce que leur communique un produit médiatique, les élèves doivent pouvoir interpréter tant les messages clairs (ceux qui sont clairement énoncés dans le texte) que les messages cachés (ceux qui sont implicites, non formulés). Ils doivent pouvoir reconnaître les valeurs (les convictions au sujet de ce qui est important dans la vie) que communique un produit médiatique et décider s'ils partagent ces valeurs. En prenant conscience des techniques de persuasion utilisées dans ces produits, ils apprennent à reconnaître les façons dont certains d'entre eux tentent de manipuler leurs publics cibles.

Matériel

- Plusieurs magazines qui contiennent un grand nombre de publicités
- Enregistrements de messages publicitaires, d'émissions de télévision, de messages d'intérêt public
- Échantillons d'emballages de produits

Feuilles reproductibles

FR 22 : Fait ou opinion? (p. 69)

FR 23 : Valeurs que véhiculent les médias (p. 70)

FR 24 : Techniques de persuasion (p. 71-74)

FR 25 : Messages médiatiques – Questions incitatives (p. 75)

FR 26 : Analyse d'un message publicitaire (p. 76)

FR 27 : Les stéréotypes (p. 77-80)

Suggestions pour les enseignants

- Les enregistrements de messages publicitaires, d'émissions de télévision ou de messages d'intérêt public que vous montrerez aux élèves devraient être assez courts pour maintenir leur attention.
- Désactivez le son quand vous voulez examiner spécifiquement les images.
- Couvrez l'écran quand vous voulez que les élèves prêtent une attention particulière aux sons et au bruitage.
- N'oubliez pas que les élèves comprendront et interpréteront différemment les messages médiatiques. Il n'y a aucune « bonne » façon d'interpréter un message médiatique. Confirmez la validité des opinions exprimées.

Distinguer les faits des opinions

1. Discutez avec les élèves des différences entre un fait (information dont on sait qu'elle est vraie ou dont des preuves ont démontré la véracité) et une opinion (idée ou jugement personnel qui peut être ou ne pas être fondé sur des faits). Faites-leur remarquer que, parfois, il est facile de reconnaître une opinion parce qu'elle est accompagnée de mots tels que « Je crois que », « Je pense que » ou « À mon avis ».

2. Expliquez que, parfois, les gens qui expriment une opinion donnent l'impression qu'il s'agit d'un fait; par exemple : « Le printemps est la meilleure saison de l'année. » Donnez aux élèves des exemples d'énoncés et invitez-les à dire s'il s'agit de faits ou d'opinions. Voici quelques exemples d'énoncés :

   - Les chiens sont de meilleurs animaux familiers que les chats. (opinion)
   - Au Canada, l'été est la saison la plus chaude. (fait)
   - Un film tiré d'un livre n'est jamais aussi bon que le livre lui-même. (opinion)
   - Lire un livre numérique est plus agréable que lire un livre sur papier. (opinion)
   - La plupart des chaînes de télévision montrent des messages publicitaires. (fait)

3. Donnez des occasions aux élèves de distinguer les faits des opinions au moyen de divers produits médiatiques.

   Produits médiatiques imprimés : Formez de petits groupes ou des équipes de deux. Distribuez à chacun quelques magazines, journaux, cahiers publicitaires, etc. Invitez les élèves à trouver des énoncés dont ils pourront dire s'il s'agit d'un fait ou d'une opinion. Tous les membres de l'équipe ou du groupe doivent être d'accord avec les décisions. Encouragez les élèves à lire non seulement les articles, mais aussi les publicités. Demandez-leur de noter leurs décisions sur la **FR 22 : Fait ou opinion?**

   Laissez à chaque équipe ou groupe le temps de présenter des exemples de faits ou d'opinions qu'ils ont trouvés. Lorsque les élèves présentent des exemples d'opinions, demandez : « L'opinion est-elle clairement énoncée comme une opinion ou est-elle énoncée de façon qu'on la perçoive comme un fait? » Demandez aux élèves : « Pourquoi les publicitaires voudraient-ils présenter une opinion comme s'il s'agissait d'un fait? » Au moyen d'une discussion, amenez-les à se rendre compte qu'une opinion énoncée comme s'il s'agissait d'un fait constitue une technique de persuasion utilisée par les publicitaires pour que leur publicité atteigne son but. Quand les élèves présentent des exemples d'opinions données dans des articles, demandez-leur s'il est approprié d'utiliser des opinions dans ce cas, puis discutez-en.

Téléjournal : En groupe-classe, regardez un reportage télévisé que vous aurez enregistré préalablement et qui traite d'un sujet approprié pour les élèves. Discutez de ces points :

- De quoi traite ce reportage?
- Le reportage donne le point de vue de quelle personne?
- Le reportage ne donne pas le point de vue de quelles autres personnes?
  - Le reportage serait-il différent s'il était fait d'un autre point de vue?
  - Quels éléments du reportage sont des faits?
  - Quels éléments sont des opinions? Comment le savez-vous?

Sites Web : Demandez aux élèves de quels sites Web ils se serviraient s'ils devaient faire une recherche pour un travail d'école. Notez leurs réponses au tableau. Réponses possibles :

- Je me servirais de sites Web recommandés par mon enseignant, une amie, etc.
- Je me servirais du premier site Web qui figure dans la liste des résultats de la recherche par mots clés.

Discutez ensuite des façons dont ils décident de la crédibilité d'un site.

Blogues : Demandez aux élèves de donner le but des blogues. Un blogue est un site Web sur lequel on peut afficher, sous forme d'un journal de bord, ses idées, ses commentaires et ses opinions sur divers sujets. Montrez aux élèves quelques exemples de blogues, puis demandez aux élèves de remplir la **FR 22 : Fait ou opinion?**

Déterminer les valeurs

1. Expliquez aux élèves qu'une *valeur* est un point de vue ou un jugement personnel sur ce qui est important dans la vie. Fournissez-leur deux ou trois exemples de dictons familiers utilisés pour communiquer une valeur. Invitez les élèves à rédiger un énoncé au sujet de la valeur véhiculée, énoncé qui commencerait par « Il est important de... ». Exemples :
   - L'honnêteté paie. (Il est important d'être honnête.)
   - Traite les autres de la façon dont tu voudrais qu'on te traite. (Il est important de traiter les autres avec gentillesse et respect.)
   - Tout vient à point à qui sait attendre. (Il est important d'être patient.)

2. Expliquez aux élèves que, parfois, les produits médiatiques communiquent des valeurs sans les exprimer clairement. Lisez le message publicitaire ci-dessous aux élèves, puis demandez-leur quelle valeur il véhicule :

   Vos vêtements de l'année dernière font sourire vos amies? Procurez-vous les toutes dernières nouveautés à la Boutique de Mode Monique. (Valeur : Il est important de toujours se vêtir à la dernière mode.)

Puis posez aux élèves des questions telles que :

- Selon vous, est-ce que tout le monde accepte cette valeur?
- Pourquoi la Boutique de Mode Monique veut-elle encourager les gens à croire en cette valeur? Comment la valeur véhiculée aide-t-elle la publicité à atteindre son but?

3. Soulignez aux élèves que les produits médiatiques peuvent mettre de l'avant certaines valeurs afin que leur texte atteigne son but. Discutez des raisons pour lesquelles il est important que les gens prennent eux-mêmes la décision d'accepter ou de rejeter les valeurs véhiculées par des produits médiatiques.

4. Pour aider les élèves à comprendre que des valeurs sont communiquées par de nombreux genres différents de produits médiatiques, vous pourriez faire l'une ou plusieurs des activités suivantes :

   - Discutez avec les élèves des valeurs que communiquent les livres de fiction. Vous pourriez commencer par lire à voix haute de courtes fables qui expriment une morale. Avant de lire la valeur véhiculée par la morale et d'en discuter, demandez aux élèves quelle valeur le texte communique. Comme activité de suivi, demandez aux élèves de déterminer les valeurs que communiquent des histoires appropriées que vous avez lues en classe récemment.
   - Choisissez, dans les magazines que vous avez apportés en classe, des exemples de publicités qui communiquent une valeur, puis demandez aux élèves de trouver la valeur dont il s'agit. Discutez des raisons pour lesquelles les publicitaires ont choisi de communiquer cette valeur.
   - Invitez les élèves à choisir une cause qui est importante pour eux (p. ex. empêcher la cruauté envers les animaux, prévenir l'intimidation, sauver les animaux en voie de disparition). Demandez-leur de nommer une valeur qu'ils ont qui rend cette cause plus importante pour eux que toute autre. Les élèves pourraient ensuite créer, pour cette cause, un bref message médiatique qui communique leur valeur.
   - En groupe-classe, faites un remue-méninges afin de dresser une liste des genres d'émissions télévisées (téléréalité, découverte de la nature, téléjournal, comédie de situation, émission éducative, dessin animé, etc.). Puis invitez les élèves à déterminer les valeurs généralement associées à chaque genre d'émission et à donner un exemple de ce genre d'émission. Encouragez les élèves à expliquer leurs réponses.
   - Demandez aux élèves d'examiner divers produits médiatiques tels qu'une émission de télévision d'un genre particulier, un message d'intérêt public, une publicité imprimée ou une chanson. Invitez-les ensuite à remplir la **FR 23 : Valeurs que véhiculent les médias**. Discutez en groupe-classe des façons dont les produits médiatiques peuvent influencer les valeurs des élèves.

Comprendre les messages clairs et cachés

1. Expliquez aux élèves que tout produit médiatique comporte un message.
   - Un message clair en est un qui est clairement énoncé. On comprend vite le message que diffuse le produit médiatique.
   - Un message caché en est un qui est suggéré ou communiqué sans être clairement énoncé. Il faut écouter ou regarder attentivement le produit médiatique pour comprendre le message.

   Fournissez aux élèves des exemples comme ceux-ci :
   - (Message clair) La couverture d'un dépliant porte la phrase « Fumer peut vous tuer. »
   - (Message caché) Dans un message d'intérêt public télévisé sans paroles, on voit une image d'un paquet de cigarettes qui se transforme lentement en une image d'un cercueil.

   Discutez avec les élèves de la façon dont le message d'intérêt public communique le message « Fumer peut vous tuer » sans énoncer clairement cette information. Faites-leur remarquer que le message est communiqué par les images et est *sous-entendu.*

2. Amenez les élèves à comprendre que les messages cachés peuvent être communiqués de différentes façons. Vous pourriez utiliser des exemples comme ceux-ci :
   - Rappelez aux élèves la publicité de la Boutique de Mode Monique (voir le deuxième point sous « Déterminer les valeurs », à la page 64) et discutez ensemble de la façon dont la valeur est présentée dans un message sous-entendu, communiqué par des mots.
   - *Un message publicitaire télévisé montre un chien étendu sur le plancher, l'air fatigué et triste. Une femme lui donne de la nourriture pour chiens Délices canins à manger. Dans la scène suivante, le chien semble heureux et plein d'énergie lorsqu'il essaie d'attraper une balle qu'a lancée la femme.* Discutez avec les élèves du message sous-entendu, communiqué dans ce message publicitaire, au moyen d'éléments visuels (votre chien sera plus heureux et plus actif si vous lui donnez cette nourriture pour chiens à manger).
   - Un message publicitaire diffusé à la radio et annonçant une croisière en mer fait entendre une chanson populaire qui comprend les paroles « Sur les flots en bateau, plus de tracas, plus de problèmes ». Discutez avec les élèves du message sous-entendu communiqué par la chanson (si vous faites une croisière avec nous, vous serez joyeux et n'aurez plus de tracas).

3. Invitez les élèves à feuilleter les magazines que vous avez mis à leur disposition afin d'y trouver des publicités qui communiquent des messages clairs. Demandez-leur d'énoncer clairement ce message, puis d'expliquer pourquoi les publicitaires veulent le communiquer.

4. Invitez les élèves à examiner divers emballages de produits semblables, par exemple diverses marques de soupe ou de céréales. Les élèves utiliseront l'un des organisateurs graphiques pour noter les résultats de leur examen, puis présenteront ces résultats à la classe. Aidez-les dans leur réflexion en leur posant les questions suivantes :
   - Quelles sont les ressemblances et les différences dans les emballages d'un type particulier de nourriture?

- Qu'aimez-vous ou que n'aimez-vous pas des emballages?
- Quel est le public cible? Comment le savez-vous?
- Quel est le message clair communiqué par les emballages?
- Quel est le message caché communiqué par les emballages?
- Y a-t-il un slogan?
- Les emballages vous incitent-ils à acheter le produit et y goûter? Par exemple l'un des contenants est plus gros que d'autres, mais il contient une quantité moindre du produit.
- Y a-t-il des offres accrocheuses sur les emballages, telles que des récompenses gratuites ou des concours qui permettent de gagner de grands prix?

Remarque : Si cela est possible, donnez aux élèves l'occasion de goûter à des échantillons de produits semblables et de donner leur opinion, à savoir si l'apparence et le goût du produit répondent à leurs attentes. Demandez aussi aux élèves si, à leur avis, la quantité du produit correspondait aux dimensions de l'emballage. Avant d'apporter de la nourriture en classe, demandez aux élèves s'ils ont une allergie alimentaire ou toute autre préoccupation associée à ce type de nourriture.

Renforcer et poursuivre ses apprentissages

Explorer les techniques de persuasion dans la publicité

Présentez divers messages publicitaires et publicités imprimées aux élèves, puis mettez-les au défi de reconnaître les moyens que prennent les publicitaires pour convaincre les gens d'acheter leurs produits. Exemples :

- répétition de mots
- enfants qui s'amusent
- refrain entraînant
- personnages connus des enfants
- rabais
- prix
- slogan accrocheur
- musique

Notez, sur une feuille grand format, les techniques de persuasion trouvées, afin que les élèves puissent s'y référer lorsqu'ils créeront leurs propres publicités. Voici des mots et expressions qu'on utilise souvent dans les publicités :

- Super
- Enfin en magasin!
- Avant qu'il soit trop tard
- Vient d'arriver
- Dernière chance!
- Soyez parmi les premiers à
- Nous vous présentons
- Amélioré!
- Premier choix
- Facile
- Gratuit
- Recommandé par
- Rapide
- Dépêchez-vous!
- Tout nouveau!
- Produit naturel

Invitez les élèves à lire et à remplir la **FR 24 : Techniques de persuasion** afin d'en apprendre davantage sur les techniques de persuasion utilisées fréquemment.

Discussion ou rédaction

Vous pouvez utiliser de différentes façons les questions de la **FR 25 : Messages médiatiques – Questions incitatives**.

- Choisissez les questions appropriées pour diriger des discussions à deux, en petits groupes ou en groupe-classe. Vous pourriez faire connaître les questions aux élèves avant la discussion et leur demander de noter leurs réponses. Donner aux élèves le temps de réfléchir d'abord aux questions produira une discussion plus enrichissante et encouragera la participation d'élèves plus timides.
- Laissez de petits groupes ou des équipes de deux choisir les questions qui les intéressent, puis utilisez ces questions pour diriger leur discussion.
- Choisissez (ou invitez les élèves à choisir) des questions qui serviront d'amorces pour des réflexions dans leur journal de bord.

Créer un montage de messages médiatiques imprimés

Invitez les élèves à apporter en classe des produits médiatiques imprimés, tels que des publicités, des dépliants, des cahiers publicitaires et des lettres ouvertes, afin de créer un montage sur un tableau d'affichage ou sur les murs. Les élèves devraient choisir des produits qui comportent un exemple d'au moins un des éléments suivants :

- une opinion énoncée comme s'il s'agissait d'un fait
- une valeur
- un message clair
- une technique de persuasion

Demandez aux élèves d'afficher avec chacun de leurs produits une brève note qui indique ceux de ces éléments qui sont présents dans leur produit et où on peut voir ces éléments dans le produit. Une élève qui a apporté une brochure touristique, par exemple, pourrait écrire sur sa note : *Le titre de la brochure « Rien de mieux que des vacances à la Barbade » communique une opinion comme s'il s'agissait d'un fait.*

Encouragez les élèves à passer en revue les produits médiatiques affichés pour voir s'ils peuvent trouver d'autres éléments qui n'ont pas été notés. (Vous devriez peut-être lire toutes les notes des élèves avant de les afficher.)

Analyser un message publicitaire

Servez-vous de la **FR 26 : Analyse d'un message publicitaire** pour analyser des messages publicitaires en groupe-classe. Vous pourriez plutôt demander aux élèves d'analyser un message publicitaire à la maison, puis de communiquer les résultats de leur analyse à la classe.

Examiner les stéréotypes

Invitez les élèves à lire la **FR 27 : Les stéréotypes**. Discutez de chaque section en groupe-classe.

Comparer des messages médiatiques

Servez-vous des organisateurs graphiques fournis dans cette ressource pour comparer divers produits médiatiques et leurs messages.

Fait ou opinion?

Produit médiatique : ____________________

But du produit médiatique : ____________________

Courte description du produit médiatique : ____________________

____

Cherche des exemples de faits et d'opinions dans le produit médiatique que tu analyses.

Fait	Opinion

Valeurs que véhiculent les médias

Une valeur est un point de vue ou un jugement personnel au sujet de ce qui est important dans la vie. En voici quelques exemples :

- l'amour de la famille
- aider les autres
- être honnête
- la beauté
- avoir du plaisir
- rester en santé
- la compétitivité
- l'aventure
- l'argent
- l'éducation/les connaissances
- la justice
- la célébrité

Examine divers produits médiatiques et identifie les valeurs qu'ils véhiculent.

Produit médiatique	Valeur ou valeurs véhiculées	Comment le sais-tu?

Techniques de persuasion

Les produits médiatiques ont souvent pour but de nous persuader de faire quelque chose ou d'adopter une opinion, ou les deux. Voici deux exemples :

Produit médiatique	Message	Persuasion
Message publicitaire télévisé	Notre nouveau liquide à vaisselle nettoie encore mieux que notre ancien liquide à vaisselle.	**Faire quelque chose : Acheter le nouveau liquide à vaisselle**
Message d'intérêt public à la radio	Pour rester en santé, il est important de faire suffisamment d'exercice.	**Faire quelque chose : Faire plus d'exercice**

Voici quelques techniques de persuasion utilisées par les créateurs de produits médiatiques :

Ne présenter qu'une partie des faits : Donner les faits est important, mais le produit médiatique fournit-il tous les faits? Une publicité imprimée pour le détergent à lessive Maxi Mousse dit que ce détergent est moins cher que le détergent Super Propre. Il se peut que ce soit vrai. Il se peut aussi que Super Propre nettoie mieux que Maxi Mousse, mais la publicité pour Maxi Mousse ne le dira pas.

Présenter un témoignage publicitaire : Une personne dit : « J'ai utilisé ce produit et je l'adore! » Il peut s'agir d'une actrice ou d'un acteur qu'on a payé pour figurer dans la publicité. Cette personne n'a peut-être même jamais essayé le produit. Parfois, on paie des célébrités pour fournir un témoignage.

suite à la page suivante ☞

Exagérer : Il se peut qu'un produit fonctionne bien, mais pas aussi bien que le dit la publicité. Un appareil d'exercice développe les muscles. Mais si une publicité suggère qu'en l'utilisant, les gens auront des muscles puissants en deux ou trois semaines, elle exagère.

Présenter une opinion d'expert : Les dentistes devraient s'y connaître en dentifrice, non? Si tu vois un message publicitaire où un dentiste dit : « C'est le meilleur dentifrice que vous puissiez acheter », le croiras-tu? Comment sais-tu vraiment que neuf dentistes sur dix croient que ce dentifrice est aussi efficace qu'on le dit?

Faire peur aux gens : Certaines publicités essaient de convaincre les gens que, s'ils n'utilisent pas le produit annoncé, il leur arrivera quelque chose de gênant. Voici une publicité qui utilise cette technique : « Si vous n'utilisez pas notre assainisseur d'air, vos visiteurs pourraient remarquer chez vous de mauvaises odeurs que vous n'aviez pas remarquées vous-même. » Si tu as peur que cela t'arrive, tu pourrais décider d'acheter le produit.

Suivre le mouvement : Certaines publicités essaieront de te convaincre de faire quelque chose comme tout le monde. Le message qu'elles véhiculent est « Tout le monde l'achète/l'utilise/le fait! Fais comme eux! »

Techniques de persuasion

1. Indique la technique de persuasion utilisée dans chacun des messages médiatiques ci-dessous.

Message médiatique	Technique de persuasion
a) Le docteur Sauvé affirme qu'un nouveau type de pilule t'empêchera d'attraper un rhume.	
b) Si vous ne mâchez pas notre gomme, vous pourriez avoir mauvaise haleine sans le savoir.	
c) Une mère dit que son bébé aime une certaine marque d'aliments pour bébés mieux que toute autre.	
d) La publicité pour une marque de voiture présente trois faits qui devraient te convaincre d'acheter la voiture.	
e) Utilisez notre nouveau nettoyant pour planchers, et vos planchers brilleront plus que jamais.	
f) Une jeune personne dit qu'un nouveau jeu vidéo est le meilleur jeu auquel elle ait jamais joué.	

suite à la page suivante ☞

2. Lis la liste de produits ci-dessous. Choisis la technique de persuasion qui, à ton avis, serait la plus efficace pour ton public cible. Puis écris le message médiatique que tu utiliserais dans une publicité dans le but de convaincre les gens d'acheter ton produit. Prépare-toi à justifier ton choix de technique!

Produit	Message médiatique
a) Produit : Céréales **Public cible : Enfants** **Technique de persuasion :** ____________________ ____________________	
b) Produit : Inscription à un centre de culture physique **Public cible : Adultes** **Technique de persuasion :** ____________________ ____________________	
c) Produit : Jean **Public cible : Adolescents** **Technique de persuasion :** ____________________ ____________________	

Messages médiatiques - Questions incitatives

Les questions ci-dessous t'aideront à te préparer pour une discussion, à diriger une discussion ou à trouver des idées pour une inscription dans ton journal de bord. Tu peux noter, sur une autre feuille de papier, des idées qui t'aideront à entreprendre ta tâche.

1. Crois-tu que les messages médiatiques peuvent convaincre les gens de croire en certaines valeurs? (Pense à différents genres de produits médiatiques, tels que des jeux vidéo, des chansons populaires, des vidéoclips, des publicités.) Pourquoi?

2. Quelles techniques de persuasion réussiraient le mieux à te convaincre d'acheter un produit? Lesquelles ne seraient pas efficaces? Pour chacune des techniques que tu mentionnes, explique pourquoi elle serait efficace ou ne serait pas efficace.

3. Pourquoi certains produits médiatiques emploient-ils des messages cachés, à ton avis? Pourquoi ces produits médiatiques n'énoncent-ils pas tous clairement leurs messages?

4. Parfois, les gens achètent un produit parce que la publicité les a convaincus que le produit était très bon. Après leur achat, ils se rendent compte que le produit ne répond pas à leurs attentes. Que peux-tu faire pour empêcher que cela t'arrive?

5. Selon toi, pourquoi les fabricants d'articles montrent-ils des personnes connues ou des personnages de dessins animés sur leurs emballages? Explique ta réponse.

Analyse d'un message publicitaire

1. Quel est le but de ce message publicitaire?

   ❑ **Informer** ❑ **Persuader** ❑ **Divertir**

2. Quel est le message véhiculé par cette publicité?

   ____

   ____

3. Quel est le public cible? Comment le sais-tu?

   ____

   ____

4. Décris les effets sonores ou la musique entendus dans ce message publicitaire. À quoi te font-ils penser?

   ____

   ____

5. Décris les images de ce message publicitaire. À quoi te font-elles penser?

   ____

   ____

6. Quelles techniques de persuasion ce message publicitaire utilise-t-il?

   ❑ Suivre le mouvement ❑ Exagération ❑ Témoignage
   ❑ Une partie des faits ❑ Célébrités ❑ Autre
   ❑ Opinion d'expert ❑ Peur

   Explique comment la technique a été utilisée :

   ____

   ____

   ____

   ____

Les stéréotypes

Qu'est-ce qu'un stéréotype?

Un stéréotype est une opinion toute faite au sujet d'un groupe de personnes. Les émissions de télévision, les films et les livres véhiculent souvent des stéréotypes associés aux hommes ou aux femmes. Les hommes sont forts et ne pleurent pas, par exemple, et les femmes sont sensibles et s'inquiètent de leur apparence. Quand un personnage dans un produit médiatique est conforme à un stéréotype quelconque, on dit qu'il est *stéréotypé.*

Pourquoi les stéréotypes posent-ils problème?

Les stéréotypes posent problème parce que, s'ils sont souvent représentés dans les médias, ils peuvent influencer la façon dont on voit les autres et dont on se voit soi-même. Selon un stéréotype, tous les hommes aiment les sports. Un homme qui n'aime pas les sports pourrait croire qu'il n'est pas normal. Est-ce raisonnable de croire que tous les hommes aiment les sports? Bien sûr que non.

Un autre stéréotype : les femmes ne s'intéressent pas beaucoup aux sports. On pourrait trouver étrange qu'une fille aime regarder les sports à la télévision et en pratiquer plusieurs elle-même. Il n'y a aucune raison pour qu'une fille n'aime pas les sports. Les gens trouvent cela étrange seulement parce qu'ils croient ce stéréotype.

On appelle « stéréotypes de genre » les stéréotypes selon lesquels les hommes et les femmes sont censés se comporter de telle ou telle façon.

suite à la page suivante ☞

Autres types de stéréotypes

Le stéréotype de genre ne constitue qu'une forme de stéréotype. Il y en a beaucoup d'autres. Les gens peuvent véhiculer des stéréotypes au sujet de nationalités et de cultures, par exemple. Des gens vivant ailleurs qu'au Canada diront parfois que « les Canadiens sont très polis ». Tu t'es probablement déjà rendu compte que ce n'est pas le cas pour tous les Canadiens; certains sont polis et d'autres ne le sont pas. Les stéréotypes peuvent nous faire croire qu'une caractéristique quelconque est applicable à tous les membres d'un groupe, même si ce n'est pas vraiment le cas.

Voici quelques stéréotypes que tu connais peut-être déjà :

- Les gens riches n'aiment pas côtoyer les gens qui n'ont pas beaucoup d'argent.
- Les garçons qui réussissent bien dans les sports n'obtiennent pas de bonnes notes à l'école.
- Les femmes blondes ne sont pas aussi intelligentes que les femmes aux cheveux plus foncés.

N'oublie pas que nous sommes tous différents les uns des autres. Chaque personne a ses caractéristiques propres. Les stéréotypes peuvent nous donner des idées quant à ce que nous devrions être et à ce que sont d'autres personnes. Ne tombe pas dans ce piège! Sois la personne que tu veux être. Prends le temps de découvrir comment est chaque personne en particulier, et ne suppose pas que tous les membres d'un groupe quelconque sont exactement pareils.

Penses-y!

Les stéréotypes

1. Pense à un personnage d'une émission de télévision, d'un film, d'un livre ou d'une bande dessinée qui représente un stéréotype de genre répandu.

   Nom du personnage : ______________________________

   Titre de l'émission, du film, du livre ou de la bande dessinée où il figure :

   ____

   Décris un stéréotype souvent véhiculé pour ce type de personnage :

   ____

   ____

   ____

2. Pense à un personnage d'une émission de télévision, d'un film, d'un livre ou d'une bande dessinée qui ne se conforme pas à un stéréotype de genre répandu.

   Nom du personnage : ______________________________

   Titre de l'émission, du film, du livre ou de la bande dessinée où il figure :

   ____

   Décris un stéréotype souvent véhiculé pour ce type de personnage :

   ____

   ____

   ____

   Explique pourquoi ce personnage ne se conforme pas au stéréotype :

   ____

   ____

   ____

suite à la page suivante ☞

3. Quelle est la chose la plus importante que tu as apprise au sujet des stéréotypes?

4. Les stéréotypes qu'on voit souvent représentés dans les médias peuvent influencer nos idées et nos sentiments à l'égard de nous-mêmes et d'autres personnes. Es-tu d'accord? Explique ta réponse.

Création de produits médiatiques

Information de base

Le but du renforcement de la compétence médiatique est d'encourager les élèves à devenir des consommateurs avertis de produits médiatiques. Ils apprennent à distinguer les faits des opinions, à interpréter les messages clairs et les cachés, à comprendre les valeurs véhiculées dans les produits médiatiques et à reconnaître les techniques de persuasion utilisées. Cependant, les élèves doivent aussi apprendre à créer des produits médiatiques efficaces. L'analyse et la création de produits médiatiques sont des activités qui s'appuient l'une et l'autre. Lorsqu'ils créent leurs propres produits, les élèves peuvent mettre en application les habiletés acquises lors de l'analyse de ce type de produit. En créant des produits médiatiques, les élèves apprendront les décisions qu'ils doivent prendre, et prendront ces décisions selon le but, le type et le public cible de leurs produits. Ils développeront ainsi leur habileté à déconstruire les produits médiatiques qu'ils lisent, regardent et écoutent.

Matériel

Feuilles reproductibles

Remarque : Lorsque vous demandez aux élèves de faire une activité ayant trait à la création d'un produit médiatique, fournissez-leur de l'information sur le produit qu'ils devront utiliser ou choisir. Si les élèves ne connaissent pas bien les caractéristiques et les conventions d'un genre de produit médiatique, ils auront de la difficulté à s'en servir pour créer un produit efficace. De plus, assurez-vous que les élèves connaissent le fonctionnement de tout matériel qu'ils devront utiliser pour créer leur produit, tel qu'une caméra vidéo ou un logiciel de montage. Vous ne voudriez pas que les élèves passent beaucoup de temps à essayer d'en comprendre le fonctionnement.

Discuter du but, du genre et du public cible

Soulignez aux élèves qu'au cours de toutes les étapes du processus, il est important qu'ils ne perdent pas de vue le but, le genre et le public cible du produit médiatique qu'ils sont en train de créer. Voici quelques questions qu'ils devraient se poser :

Au cours de la planification

- Avant d'aller plus loin, ai-je déterminé un ou des buts précis pour mon produit médiatique?
- Quel est mon public cible? Est-ce que je veux cibler un public particulier?
- Quels genres conviendraient le mieux à mon but? Y a-t-il des genres qui conviendraient particulièrement bien à mon public cible?

Après avoir choisi le but, le genre et le public cible

- Quelles sont les conventions du genre que j'ai choisi? Lesquelles de ces conventions m'aideront à atteindre mon but? Y a-t-il des conventions qui m'aideront à clarifier mon message pour mon public cible?
- Quelles techniques permettront à mon produit médiatique d'atteindre son ou ses buts? Devrais-je utiliser des techniques de persuasion? Est-ce que des éléments tels que la couleur, les images, l'humour ou la musique seraient efficaces pour mon genre de produit, et éveilleraient l'intérêt de mon public cible?

Pendant la création du produit médiatique

- Mon produit médiatique se développe-t-il de la façon dont je le voulais? Dois-je améliorer des conventions pour atteindre mon but et éveiller l'intérêt de mon public cible? Dois-je songer à utiliser d'autres conventions?
- Ai-je l'impression que mon produit médiatique captivera mon public cible? Devrais-je inclure d'autres techniques ou éléments?
- Ai-je organisé mon information de façon qu'elle soit claire pour mon public cible? Ai-je suffisamment mis l'accent sur l'information la plus importante, de façon qu'elle n'échappe pas à mon public cible?

Remettez aux élèves la **FR 28 : Plan pour un produit médiatique** et la **FR 29 : Conseils pour la création d'un produit médiatique** afin de les aider à bien planifier leur produit. Après cette première étape, rencontrez les élèves individuellement pour discuter de la création de leur produit.

Présenter et analyser les produits médiatiques des élèves

Fournissez aux élèves l'occasion de présenter leurs produits médiatiques à la classe. L'élève qui a créé un produit pourrait poser les questions ci-dessous à ses camarades. Les élèves pourraient ainsi analyser les produits médiatiques et faire connaître leur réaction au produit.

- Selon vous, quel est le but de ce produit médiatique?
- J'ai choisi ____________ comme genre de produit médiatique. Quelles conventions de ce genre ai-je utilisées?
- Quel est mon public cible?
- Quels aspects de mon produit sont les plus efficaces, à votre avis?
- Si vous aviez une suggestion à faire pour améliorer mon produit médiatique, laquelle feriez-vous?

Après que les élèves auront écouté les commentaires de leurs camarades, invitez-les à remplir la **FR 30 : Autoévaluation – Produit médiatique**.

Renforcer et poursuivre ses apprentissages

Conseils pour les activités de création de produits médiatiques

- Modelez et soulignez les habiletés requises. Si les élèves ne connaissent pas bien les caractéristiques et les conventions d'un genre de produit médiatique, ils auront de la difficulté à s'en servir pour créer un produit efficace.
- Veillez à avoir le matériel suffisant pour tous les élèves, ainsi qu'un échantillon du produit demandé.
- Invitez les élèves à préparer une chemise des médias dans laquelle ils pourront placer leurs travaux, leurs devoirs et leur cahier d'apprentissage.

Écouter une ou un spécialiste en médias

Invitez dans votre classe une personne dont le travail se rapporte à la création de produits médiatiques, par exemple, une reporter d'un journal ou d'un poste de télévision local, un graphiste, une conceptrice Web, ou encore une personne qui travaille dans une agence de publicité. Demandez à la personne invitée d'expliquer son travail aux élèves et, si possible, de leur montrer des produits médiatiques qu'elle a aidé à créer. (Vous lui aurez résumé, au préalable, ce que les élèves ont appris sur les médias et demandé d'aborder certains de ces sujets pendant la présentation.) Allouez du temps pour les questions des élèves.

Idées d'activités pour la création de produits médiatiques

Livre parlé

En groupe-classe ou en petits groupes, enregistrez une version audio d'un livre d'images. Distribuez les rôles, et insérez des effets sonores et de la musique pour faire ressortir les moments dramatiques ou clés de l'histoire. Demandez aux élèves de trouver le message principal du livre et de voir comment il est exprimé dans la nouvelle version.

Amorces de discussions :

- Interprétons-nous les messages différemment, selon que nous écoutons ou que nous lisons?
- Le message est-il le même dans les deux genres de produits médiatiques?
- Avez-vous remarqué de nouveaux détails dans le texte ou les messages en créant une version audio?
- Quelles parties de l'histoire font plus d'effet dans le livre?
- Quelles parties de l'histoire font plus d'effet dans le livre parlé?
- En quoi l'interprétation du dialogue dans une forme audio change-t-il le livre?

Livre en photos

Rappelez aux élèves que les messages médiatiques peuvent être communiqués sans mots. Invitez-les à créer une histoire de leur choix au moyen de photos ou d'illustrations. Il pourrait s'agir d'une histoire à propos d'une partie de soccer, d'une exposition d'art ou d'une visite au centre commercial. Les éléments d'une histoire : suite des événements (début, milieu, fin), lieu et époque (où et quand l'histoire se passe), personnages (choses, personnes ou lieux).

Une image vaut...

Invitez les élèves à peindre un dessin ou à prendre une photo de quelque chose dans leur quartier. Demandez-leur de lui donner un titre accrocheur et d'y ajouter une légende expliquant ce qui se passe dans l'image. Les éléments graphiques, tels que les photos et les illustrations, sont des éléments importants dont on se sert dans les journaux et les magazines. Invitez les élèves à se servir de périodiques comme sources d'inspiration.

Écrire un texto avec émoticônes

Parler sur un cellulaire n'a rien de nouveau. Mais, de nos jours, beaucoup de personnes préfèrent les textos. Qu'est-ce qu'un texto, et comment les gens communiquent-ils dans un texto? Voici quelques émoticônes (ou binettes) – symboles qui représentent des émotions – utilisés fréquemment dans les textos et les courriels :

:)	joie	:(	tristesse	=O	stupéfaction	>:-(	colère
=D	rire aux éclats	:@	crier	:-\	indécision	B-)	cool
;)	clin d'œil ou blague	:'(	pleurer	:-]	sourire	:x	ne rien dire

En groupe-classe, servez-vous d'émoticônes pour écrire un texto au sujet d'une sortie éducative ou d'une activité prochaine.

Bâtir un site Web de classe

Il vaut vraiment la peine de consacrer du temps à la création d'un site Web de classe. Servez-vous de ce site pour montrer toutes les choses merveilleuses qui se passent dans votre classe.

Créer une couverture de CD

Invitez les élèves à créer une couverture de CD pour un groupe de musique fictif. Ils devront faire preuve de créativité, et imaginer le nom du groupe, son genre de musique, la palette de couleurs pour la couverture, et le titre de l'album. Rappelez-leur que, si la musique du groupe est jouée en ligne, ils utiliseront la même couverture pour vendre des exemplaires numériques. Ils doivent donc songer aussi à cet autre public cible. Si cela est possible, mettez des boîtiers de CD à la disposition des élèves afin qu'ils puissent y insérer leurs couvertures. La **FR 31 : Emploi de la couleur pour vendre un produit** les aidera dans la conception de leur couverture.

Composer un refrain publicitaire

En groupe-classe, écoutez quelques messages publicitaires à la radio, puis créez un refrain publicitaire pour un jouet. Les refrains publicitaires sont entraînants; en général, ils sont en rimes et sont très courts. Les élèves peuvent utiliser les instruments de musique de la classe pour les effets sonores. Ils peuvent aussi enregistrer leur refrain, puis le faire jouer afin d'entendre le produit final.

Publicité imprimée

Invitez les élèves à créer une publicité imprimée. Encouragez-les à réfléchir à la mise en page, aux polices de caractères, à la palette de couleurs et au contenu lorsqu'ils préparent leurs publicités. Celles-ci pourraient servir à annoncer une manifestation ou un service, à communiquer un point de vue ou à vendre un produit. En groupe-classe, faites un remue-méninges afin de dresser une liste de mots persuasifs à utiliser dans les publicités. La **FR 32 : Conseils pour des publicités imprimées** pourraient les aider dans leur réflexion. Vous pourriez aussi leur demander de communiquer le même message, mais à des publics cibles différents ou au moyen de différentes techniques de persuasion. Cela donnera lieu à une discussion des plus intéressantes.

Exposé oral

Invitez les élèves à utiliser la **FR 33 : Plan d'un exposé oral** afin de se préparer pour une activité orale ou l'expression d'une réaction à quelque chose qu'ils ont vu ou lu.

Présentation vidéo

Demandez aux élèves de créer une présentation vidéo telle qu'un téléjournal, un message publicitaire ou un message d'intérêt public.

Menu d'un restaurant

Invitez les élèves à examiner des menus provenant de divers restaurants. Faites un remue-méninges dans le but de dresser une liste des caractéristiques habituelles d'un menu. Discutez du langage persuasif et des éléments graphiques qui rendent les menus attrayants. Demandez aux élèves de créer leurs propres menus à l'intention d'un public cible particulier.

Carte de souhaits

Faites un remue-méninges avec les élèves dans le but de dresser une liste des raisons pour lesquelles les gens donnent des cartes de souhaits. Invitez les élèves à choisir un message pour leur carte, puis à créer celle-ci.

Billet de blogue

En groupe-classe, passez en revue les caractéristiques d'un blogue, puis encouragez les élèves à écrire un billet de blogue au sujet d'une expérience vécue. Les billets ressemblent souvent à une lettre (salutation, histoires personnelles, photos). Ils sont écrits sur le ton de la conversation et de manière décontractée.

Critique d'un livre, d'une pièce de théâtre ou d'un film

Invitez les élèves à rédiger leur propre critique d'un livre, d'une pièce de théâtre ou d'un film, au moyen de la **FR 34 : Rédige une critique**. Servez-vous des questions ci-dessous pour les aider dans leur réflexion.

- De quoi traitait le livre, la pièce de théâtre ou le film?
- Quel en était le genre? Drame, comédie, suspense?
- Où et quand l'action se passait-elle?
- Les personnages ou les acteurs étaient-ils convaincants?
- L'intrigue se déroulait-elle bien?
- Qu'avez-vous aimé du livre, de la pièce ou du film? Expliquez votre réponse.
- Que n'avez-vous pas aimé? Expliquez votre réponse.
- Quels éléments (effets sonores, voix hors champ, langage descriptif, éclairage, musique) ont aidé à communiquer le message?

Opinion

On trouve des lettres ouvertes dans les journaux et les magazines. Ces lettres peuvent être écrites en réponse à un article ou à une question qui touche personnellement l'auteure ou auteur de la lettre. Invitez les élèves à rédiger une lettre persuasive sur une question ou un sujet qui leur tient à cœur. Demandez-leur de consulter d'abord au moins trois différents genres de produits médiatiques, tels que des magazines, des livres et des sites Web, pour faire une recherche sur le sujet choisi. En groupe-classe, faites un remue-méninges afin de dresser une liste de mots persuasifs que les élèves pourraient utiliser pour convaincre les lecteurs de leur point de vue. Discutez aussi des types de publications auxquelles ils pourraient envoyer leur lettre. Remarque : Cet exercice peut être un travail individuel ou en groupe-classe.

Questions incitatives :

- Quelles sont les caractéristiques principales d'une lettre persuasive?
- Quelle est la différence entre un fait et une opinion?
- Pourquoi cette question ou ce sujet vous tient-il à cœur?
- De quelles autres façons pouvez-vous diffuser un message à propos de quelque chose qui vous tient à cœur?
- Quel est le public cible d'une telle lettre?

- Quel est le ton de la lettre?
- Avez-vous déjà écrit une lettre à propos d'une cause qui vous intéresse?

Rédaction d'un article de magazine

Demandez aux élèves de rédiger un article de magazine sur un sujet qui les intéresse. Invitez-les à faire d'abord une recherche sur le sujet afin que leur article soit le plus intéressant possible. Ils peuvent utiliser la **FR 35 : Liste de vérification – Article de magazine** pour s'assurer d'y inclure tous les éléments d'un bon article de magazine.

Symboles

Passez en revue avec les élèves les façons de communiquer un message sans mots. Faites un remue-méninges dans le but de dresser une liste de symboles présents dans votre localité. Puis mettez les élèves au défi de créer leurs propres symboles dans le but de communiquer un message particulier.

Courrier du cœur

Certains journaux et magazines contiennent une rubrique courrier du cœur dans laquelle une personne donne des conseils à des gens qui veulent trouver une solution à un problème. Faites un remue-méninges avec les élèves dans le but de dresser une liste de problèmes pour lesquels les gens pourraient demander des conseils. Invitez les élèves à choisir un problème dans la liste ou à penser à une autre situation problématique, puis à utiliser la **FR 36 : Des conseils** pour écrire leur lettre. Vous pourriez demander aux élèves de lire leurs lettres à la classe.

Dépliant

Demandez aux élèves de créer un dépliant ayant un but précis, tel que donner de l'information, annoncer un produit ou un service, communiquer une conviction ou un point de vue, ou attirer l'attention sur une cause particulière. La **FR 37 : Dépliant brillant** explique les étapes à suivre et fournit une liste de vérification. Une fois les dépliants terminés, vous pourriez inviter les élèves à les montrer à la classe.

Affiche tes opinions!

Les t-shirts servent souvent à afficher les sentiments, positifs ou négatifs, d'un groupe ou organisme quelconque. On les vend pour recueillir des fonds ou on les porte pour attirer l'attention sur une cause ou une question particulière. Souvent, ce sont des causes ou questions qui nous tiennent à cœur et pour lesquelles on demande des changements.

Invitez les élèves à créer un t-shirt, au moyen de la **FR 38 : T-shirt ______**, dans le but de faire connaître leur point de vue sur quelque chose qu'ils aimeraient changer. Ils pourront ensuite montrer leurs t-shirts à la classe.

Maison à vendre

Donnez aux élèves une occasion de faire preuve de créativité en leur demandant de concevoir et de dessiner leur maison de rêve. Par la suite, ils pourront jouer le rôle d'agents d'immeubles pour vendre leur maison. Ils créeront une publicité attrayante pour les acheteurs potentiels avec le produit médiatique de leur choix. Ils peuvent dessiner leur maison sur la **FR 39 : Conçois et vends ta maison de rêve**. La **FR 28 : Plan pour un produit médiatique** les aidera ensuite à créer leur publicité.

Conception d'un magazine

Invitez les élèves à créer, en petits groupes, un magazine de 10 pages. Ils devront d'abord choisir leur public cible ainsi que le thème de leur magazine. Ils peuvent faire un remue-méninges afin de trouver des idées quant au choix des articles, des photos ou dessins, des publicités et des autres caractéristiques qui pourraient plaire à leur public cible. Ils créeront une couverture attrayante, avec des titres d'articles accrocheurs. La **FR 40 : Conçois un magazine** les aidera à créer un magazine de haute qualité.

Affiche

On se sert d'affiches dans le but de faire de la publicité pour une activité scolaire, un spectacle, un film, une émission de télévision, un CD, un vêtement, un parfum, un produit de beauté, un aliment, une boisson, un magasin, un véhicule ou une destination touristique. Elles annoncent aussi des manifestations à venir. Invitez les élèves à concevoir une affiche publicitaire de leur choix ou pour l'un des éléments de la liste ci-dessus. Rappelez-leur d'utiliser des expressions ou des mots persuasifs. La **FR 51 : Liste de vérification – Affiche** les aidera à créer une affiche intéressante, persuasive et accrocheuse.

Jeu de société

Invitez les élèves à développer, en petits groupes, une idée pour un nouveau jeu de société. La **FR 42 : Invente un jeu de société** leur donne des idées de jeux et leur fournit une marche à suivre pour concevoir leur jeu. Une fois son jeu fini, un groupe d'élèves peut en inviter un autre à venir y jouer. Rappelez aux élèves que, dans la conception du jeu, ils doivent tenir compte de son but et de son public cible. Vous pourriez, par la suite, les mettre au défi de créer une message publicitaire ou une publicité imprimée pour leur jeu.

Plan pour un produit médiatique

Genre de produit médiatique : ____________________

Quel est le but principal? ____ Informer ____ Persuader ____ Divertir	Détails :
Quel est le public cible?	Détails :
Qu'y a-t-il dans mon message?	Détails :
Que dois-je inclure dans ce produit médiatique?	Détails :
Quelles techniques de persuasion vais-je utiliser pour capter l'attention de mon public?	Détails :

Conseils pour la création d'un produit médiatique

Dans quel but vais-je créer ce produit médiatique?

Ton but est-il d'informer, de divertir ou de persuader? Crées-tu un produit médiatique pour atteindre plus d'un de ces buts? Si c'est le cas, demande-toi si l'un des buts est plus important pour toi.

Quel est mon public cible?

Y a-t-il un groupe particulier qui doit lire, visionner ou écouter ton produit médiatique? À prendre en considération : l'âge, les intérêts, s'il s'agit de garçons ou de filles, ou des deux. Ton public cible pourrait être un grand groupe, par exemple tous les adultes. Ou il pourrait être plus spécifique, par exemple les filles de 10 à 14 ans qui aiment la planche à roulettes.

Comment dois-je communiquer mon message?

1. Quelle quantité de renseignements dois-je inclure pour atteindre mon ou mes buts? Si ton message est court et simple, une affiche pourrait suffire. Si tu as beaucoup de renseignements à communiquer, une brochure serait préférable.
2. Quel genre de produit médiatique me permettra d'entrer en contact avec mon public cible? Si tu veux vendre quelque chose à des enfants, un message publicitaire télévisé serait plus efficace qu'une publicité dans un magazine. La plupart des enfants regardent la télévision, mais peu d'entre eux lisent des magazines.

suite à la page suivante ☞

3. Quel genre de produit conviendrait le mieux au contenu? Si ton produit contient des schémas avec étiquettes, ceux-ci devront être suffisamment grands pour que les gens puissent les consulter facilement. Si tu crées un diaporama numérisé, les schémas seront grands et faciles à lire. Si tu essaies de disposer des schémas et du texte sur une circulaire d'une page, il faudra que tes schémas soient plus petits.

Que puis-je faire pour que mon produit médiatique soit visuellement intéressant?

Tu éveilleras encore plus l'intérêt de ton public si ton produit médiatique est visuellement intéressant. Si tu fais un enregistrement vidéo de toi-même en train de faire un exposé, porte des vêtements de couleur plutôt que du noir. Ne reste pas immobile comme une statue. Utilise différentes expressions faciales et fais des gestes pour retenir l'attention de ton public. Si tu crées un produit imprimé ou une page Web, ajoutes-y des éléments visuels, tels que des photos. Pense à différentes façons d'utiliser la couleur et utilise deux polices de caractères plutôt qu'une.

Autoévaluation - Produit médiatique

Écris ci-dessous tes réflexions sur un produit médiatique que tu as créé.

Mon produit médiatique : ______________________________

But : ______________________________

Genre : ____________________ **Public cible :** ____________________

1. Quels aspects de mon produit étaient les plus réussis?

____

____

____

2. Quels aspects de mon produit pourraient être améliorés?

____

____

____

3. Quel a été ma plus grande difficulté en créant ce produit médiatique?

____

____

____

4. Quelle est la leçon la plus importante que j'aie apprise en créant ce produit médiatique?

____

____

____

____

Emploi de la couleur pour vendre un produit

Les couleurs et leurs significations

ROUGE : énergie, stimulation, vivacité, force, puissance, chaleur, amour, colère, danger, ardeur, agressivité, passion

JAUNE : joie, bonheur, espoir, optimisme, imagination, soleil, été, or, malhonnêteté, frayeur, trahison, envie, maladie

BLEU : harmonie, paix, calme, sang-froid, confiance, assurance, propreté, ordre, sécurité, loyauté, ciel, eau, froideur, technologie, tristesse

VERT : nature, environnement, santé, bonne chance, renouveau, jeunesse, vitalité, printemps, générosité, fertilité, jalousie, inexpérience, épreuves

ORANGE : énergie, équilibre, chaleur, enthousiasme, expansivité, splendeur, monopolisation

VIOLET : royauté, spiritualité, noblesse, mystère, transformation, sagesse, édification, cruauté, arrogance, deuil

GRIS : sécurité, fiabilité, intelligence, modestie, maturité, dépression, ennui, vieux jeu, pratique

BLANC : admiration, pureté, minimalisme, propreté, paix, innocence, jeunesse, naissance, hiver, neige, vertu, hygiène

BRUN : terre, chez-soi, plein air, fidélité, confort, endurance, force, simplicité, calme

NOIR : puissance, dominance, formalisme, élégance, richesse, mystère, terreur, forces du mal, anonymat, chagrin, tristesse, remords, mort

suite à la page suivante ☞

Crée une publicité pour l'un des éléments suivants :

- vacances
- céréales
- voiture
- vêtements
- parfum
- maison
- règles de sécurité
- restaurant
- message d'intérêt public

Réfléchis à la palette de couleurs qui pourrait capter l'attention de ton public cible et le persuader de donner suite à ta publicité.

Ce dont tu as besoin

- papier
- matériel de coloriage
- feuille intitulée « Emploi de la couleur pour vendre un produit »

De quoi traitera ta publicité?

Quelles couleurs utiliseras-tu? Pourquoi?

Conseils pour des publicités imprimées

1. Mets un titre inoubliable :
Crée un slogan qui attirera le regard et aidera les gens à se rappeler ton message. Par exemple « Une croisière… la belle vie! ».

2. Les éléments graphiques doivent être accrocheurs :
Choisis des éléments graphiques qui t'aideront à communiquer ton message. Une image de l'océan, par exemple, donnera une impression de tranquillité. Les couleurs que tu choisiras sont importantes aussi!

Une croisière… la belle vie!

Toutes les plus grandes célébrités choisissent nos croisières!

Réservez dès maintenant! Rabais de 40 %!

3. Planifie bien ton texte :
Le type et la taille de la police de caractères t'aideront à communiquer ton message. Choisis avec soin l'emplacement du texte pour t'assurer que les gens le liront.

4. Ajoute un logo attrayant :
Crée un symbole qui représentera le mieux le fabricant ou le groupe. Par exemple, un navire sur une vague pourrait représenter la compagnie qui organise les croisières.

5. Tire parti de l'espace disponible :
Assure-toi que chaque partie de l'espace disponible aide les gens à se concentrer sur ton message. Tu n'as pas à utiliser tout l'espace.

Plan d'un exposé oral

Sujet : ______________________________

Public cible : ______________________________

But : ______________________________

De quelle longueur doit-il être? ______________________________

Introduction – Liste de vérification

J'ai annoncé mon sujet de façon intéressante, par exemple au moyen

- ❑ d'une citation,
- ❑ d'une statistique,
- ❑ d'un exemple,
- ❑ d'une question.

❑ J'ai utilisé de 1 à 3 phrases pour dire ce dont j'allais parler.

suite à la page suivante ☞

Corps – Liste de vérification

- ❑ Des détails, des exemples ou des descriptions appuient mon idée principale.
- ❑ J'ai écrit mes idées de la manière dont je les expliquerais, les montrerais ou les dirais à une personne pendant une conversation.
- ❑ J'ai lu à haute voix ce que j'avais écrit.

Conseil : Il n'est pas nécessaire de faire des phrases complètes. Écris tes idées comme tu les exprimerais en parlant à quelqu'un.

Idée principale :

Détails à l'appui :

suite à la page suivante ☞

Conclusion – Liste de vérification

- ❑ J'ai résumé les points importants.
- ❑ J'ai conclu mon exposé oral de façon intéressante, par exemple au moyen
  - ❑ d'une citation,
  - ❑ d'une statistique,
  - ❑ d'une question.

Conseils pour faire un bon exposé

- Répète ton exposé jusqu'à ce que tu te sentes à l'aise en disant ce que tu as écrit.
- Surligne les parties de ta version finale où tu veux arrêter pour faire de l'effet ou sur lesquelles tu veux mettre l'accent.
- Pense aux gestes que tu veux faire et n'oublie pas de maintenir un contact visuel avec ton public ou la caméra.
- Pense au volume et au ton de voix que tu emploieras pour exprimer de l'enthousiasme, de l'émotion, etc.

Rédige une critique

Donne ton opinion au sujet d'un livre, d'une pièce de théâtre ou d'un film.

Titre du produit médiatique : ____________________

Genre de produit médiatique : ____________________

Idée principale du produit médiatique :

____

____

____

À mon avis :

____

____

____

____

____

____

____

____

____

____

☐ **Recommandé(e)**

Critique faite par : ____________________

Liste de vérification - Article de magazine

Parties d'un article

- Le TITRE indique le contenu de l'article.
- La SIGNATURE donne le nom de l'auteure ou auteur. (Toi)
- Le DÉBUT donne l'idée la plus importante.
- Le MILIEU fournit des détails à l'appui de l'idée importante.
- La FIN donne généralement aux lecteurs une idée à se rappeler.

Liste de vérification

CONTENU

- [ ] L'article a un TITRE qui en indique le contenu.
- [ ] Il a une SIGNATURE qui indique que je suis l'auteure ou auteur.
- [ ] Il a un DÉBUT qui donne l'idée la plus importante.
- [ ] Il a un MILIEU qui fournit des détails à l'appui de l'idée importante.
- [ ] Il a une FIN qui donne aux lecteurs une idée à se rappeler.

GRAMMAIRE ET STYLE

- [ ] J'ai écrit proprement et mis un titre clair.
- [ ] J'ai ajouté un dessin ou une photo aux couleurs vives pour appuyer mon article.
- [ ] J'ai écrit mes mots correctement.
- [ ] J'ai utilisé des mots intéressants.
- [ ] J'ai veillé à utiliser correctement les majuscules, les points, les virgules et les points d'interrogation.

Des conseils

Les gens demandent des conseils quand ils ont un problème ou qu'ils veulent connaître l'opinion de quelqu'un sur quelque chose. Donne des conseils à une personne, au sujet d'une situation particulière. Explique ton raisonnement pour convaincre la personne que tes conseils sont les bons.

Je donne des conseils à ______________________________

au sujet de ______________________________

Chère/Cher ____________________,

____

____

____

____

____

____

____

____

____

____

____

____

____

Ton amie/ami,

____

Dépliant brillant

Un dépliant est une feuille de papier pliée qui fournit de l'information. Choisis le sujet dont traitera ton dépliant. Ce pourrait être quelque chose que tu étudies à l'école ou quelque chose qui t'intéresse.

1re étape : Préparation de ton dépliant

Tâche	Complétée
1. Plie une feuille de papier de la façon dont ton dépliant sera plié.	
2. • Avant de rédiger le texte, trace une maquette au crayon de plomb. • Écris le titre de chaque section à l'endroit désiré. • Laisse de l'espace dessous pour l'information. • Laisse aussi de l'espace pour les éléments graphiques ou les dessins.	

2e étape : Ton brouillon

Tâche	Complétée
1. Fais des recherches, puis rédige chaque section.	
2. Relis le texte pour vérifier le contenu, puis ajoute, enlève ou modifie des mots pour améliorer le style d'écriture.	

3e étape : Révision finale

- ☐ J'ai vérifié l'orthographe.
- ☐ Mon dépliant est propre et bien organisé.
- ☐ J'ai vérifié la ponctuation.
- ☐ J'ai ajouté des dessins ou des éléments graphiques.
- ☐ Mes phrases sont claires.
- ☐ Mon dépliant est attrayant.

T-shirt ___________________________

Conçois un t-shirt qui communique un message.

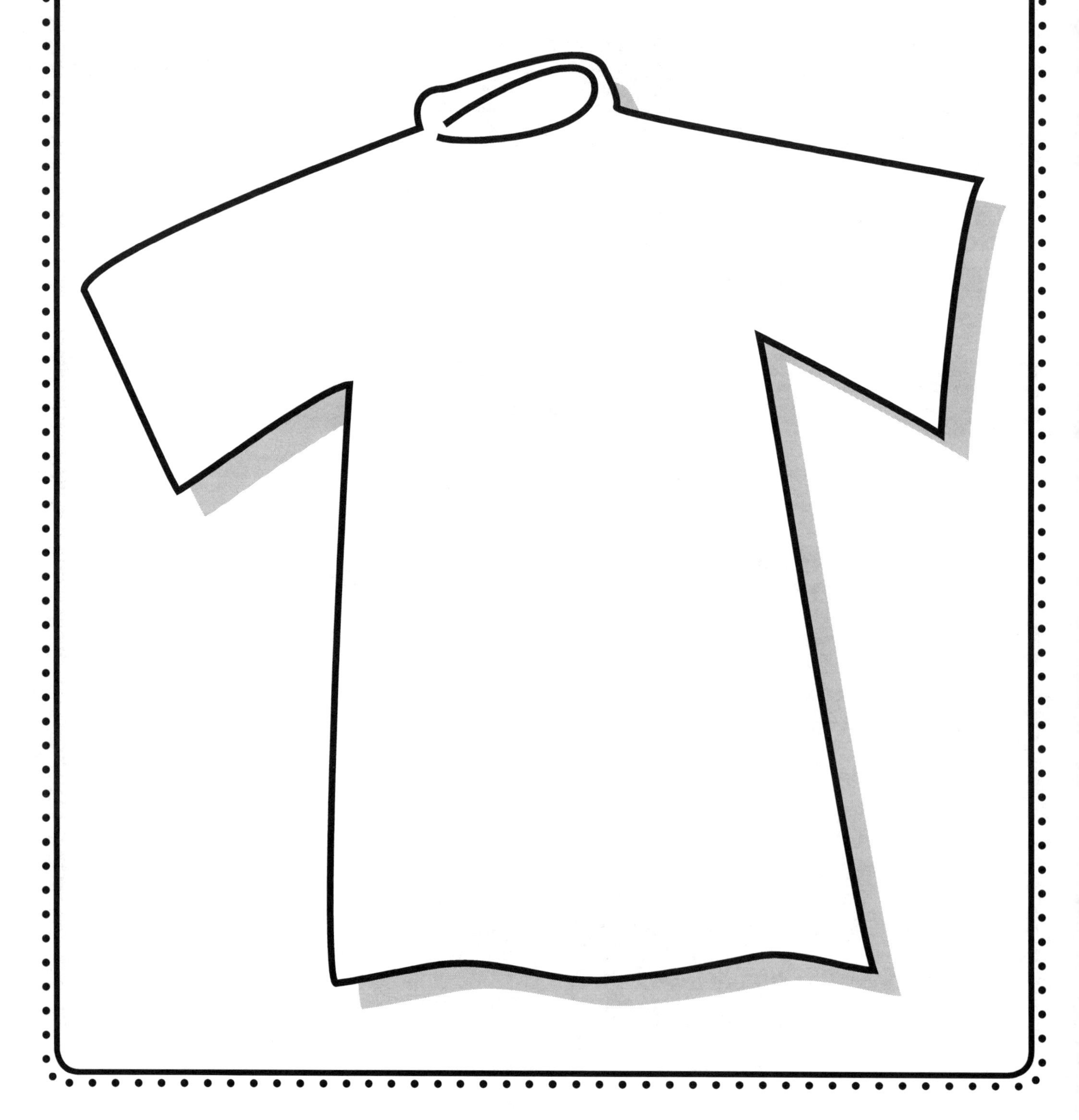

Conçois et vends ta maison de rêve.

Conçois et dessine ta maison de rêve. Fais un dessin très détaillé.

Tu es l'agente ou agent d'immeubles qui doit vendre cette maison. Sers-toi de la **FR 28 : Plan pour un produit médiatique** afin de créer une publicité pour laquelle tu utiliseras des techniques de persuasion. Tu voudras peut-être te servir de plus d'un genre de produit médiatique (p. ex. une vidéo, une affiche, un dépliant, une annonce classée dans un journal, etc.) pour annoncer la vente de la maison.

Conçois un magazine

Cette liste de vérification te permettra de créer un magazine de haute qualité.

Couverture

- [ ] Le titre du magazine est facile à lire et est mis en valeur.
- [ ] Une belle illustration fait connaître le thème du magazine.
- [ ] Une ou deux phrases donnent un aperçu des sujets dont traitera le magazine.

Page de la rédactrice en chef/du rédacteur en chef

- [ ] La lettre s'adresse aux lecteurs.
- [ ] La lettre fournit aux lecteurs les raisons pour lesquelles il est important qu'ils lisent ton magazine.

Table des matières

- [ ] Il y a une liste complète du contenu du magazine.

Publicités

- [ ] Le magazine contient des publicités créées par les élèves.

Articles du magazine

- [ ] ______________________________
- [ ] ______________________________
- [ ] ______________________________
- [ ] ______________________________
- [ ] ______________________________
- [ ] ______________________________
- [ ] Point de vue

suite à la page suivante ☞

Attrait visuel

☐ **Le magazine contient des illustrations bien faites et aux couleurs vives, ainsi que des schémas avec étiquettes.**

Idées d'articles et de rubriques à inclure dans ton magazine :

- courrier du cœur
- entrevue
- sondage et résultats
- biographie d'une personne bien connue de ta localité

Membres du groupe : ______________________

Utilise ce tableau pour assigner les tâches à chaque membre du groupe.

Tâche	Membre du groupe	Complétée

Liste de vérification – Affiche

Sujet : ______________________________

But de l'affiche : ______________________________

Apparence de l'affiche	❑ L'affiche est accrocheuse. ❑ Le titre attire l'attention des lecteurs.
But et contenu	❑ Le message est clair. ❑ Des faits, des détails ou des descriptions appuient le message.
Public cible	❑ Le public cible de l'affiche est évident.
Éléments graphiques	❑ Les éléments graphiques aident à clarifier le message. ❑ Les éléments graphiques sont attrayants.
Exigences pour la conception	❑ J'ai satisfait toutes les exigences du projet.
Révision	❑ J'ai vérifié l'orthographe. ❑ J'ai vérifié la ponctuation. ❑ J'ai utilisé des phrases de styles différents.

Remarques supplémentaires :

____

____

____

____

Invente un jeu de société

Crée ton propre jeu de société! Le thème de ton jeu peut être un sujet que tu étudies en classe ou un sujet qui t'intéresse beaucoup.

MATÉRIEL
- une base pour le jeu de société, telle qu'une grande feuille de papier de bricolage, une boîte à pizza propre ou une chemise de carton
- 2 cubes numérotés
- du matériel de coloriage
- des ciseaux
- de la colle
- du papier de bricolage

RÈGLES DU JEU
- Comment les joueurs déplacent-ils leurs jetons? Voici quelques suggestions :
  – ils lancent les dés;
  – ils tirent une carte et répondent à une question;
  – ils suivent les directives indiquées dans les cases du plateau.
- Combien de personnes peuvent jouer?
- Y a-t-il une pénalité pour une mauvaise réponse?

CONSIGNES

1. Choisis un thème pour ton jeu.
2. Crée un trajet que les jetons devront suivre. Il pourrait avoir la forme d'un U, d'un L, d'un carré ou d'un ovale. Il devrait être assez long pour comprendre au moins 50 cases.
3. Ajoute de plus grosses cases où tu placeras des cartes à tirer. Découpe les cartes dans du papier cartonné épais. Écris des questions sur tes cartes.
4. Essaie toi-même ton jeu pour voir s'il est trop difficile ou si ton plateau a suffisamment de cases.
5. Pour les jetons, découpe de petites figures dans une feuille de papier ou sers-toi d'autres objets.
6. Orne ton plateau de jeu de façon qu'il soit coloré et attrayant.
7. Écris les règles de ton jeu.

IDÉES POUR LES CARTES DU JEU
- répondre à une question
- questions de math
- vrai ou faux
- choix multiple

OG 1

Une toile d'idées

Sujet : ____________________

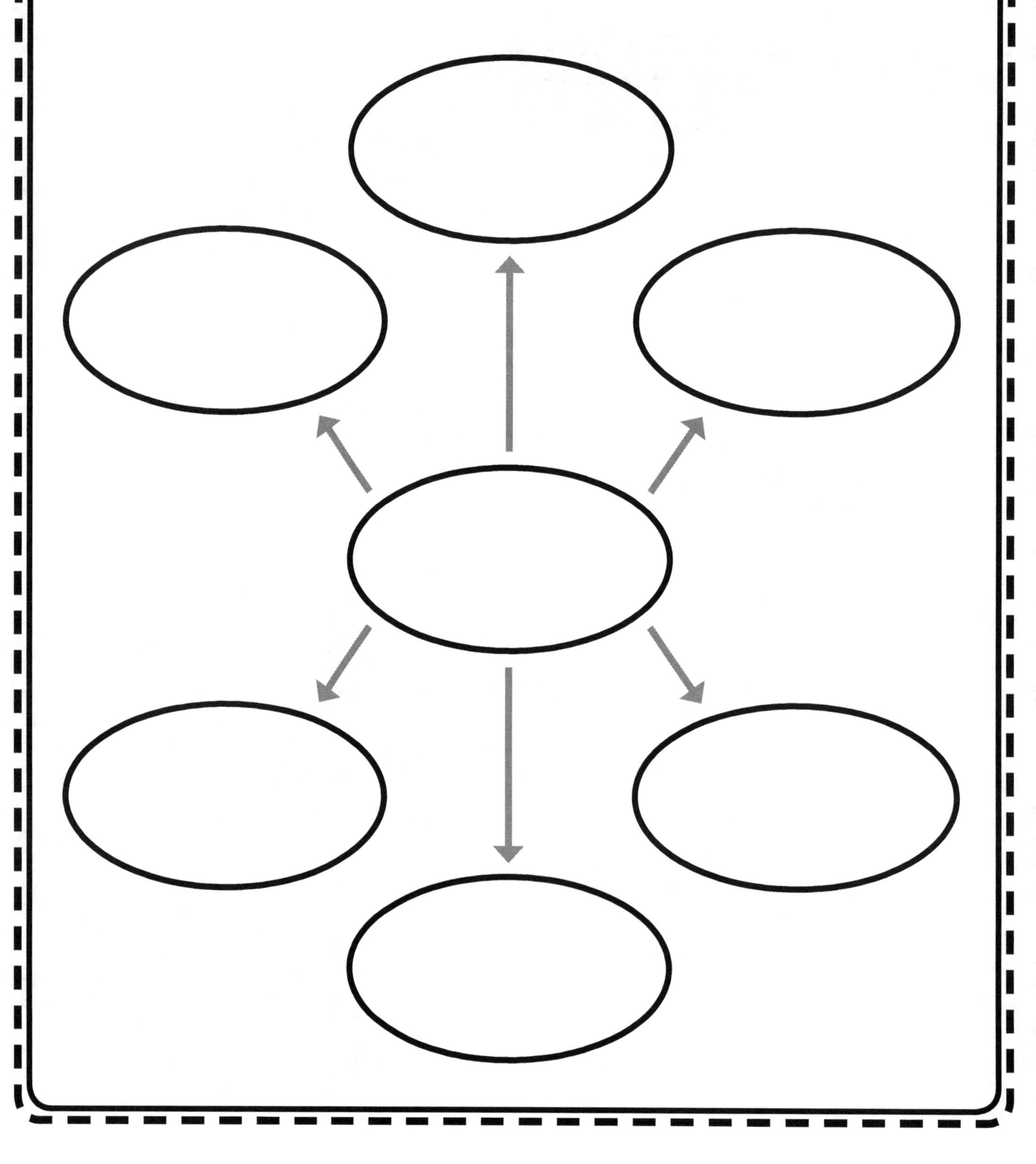

Planificateur de rédaction

Sujet – Introduction

Idée – 1er paragraphe

Idée – 2e paragraphe

Détails à l'appui

Détails à l'appui

Détails à l'appui

Détails à l'appui

Paragraphe de conclusion

Spécialiste en médias!

Tu es remarquable!

Quel beau travail!

Continue tes efforts!

Évaluation 1 : Exposé oral

	Niveau 1 Résultats inférieurs aux attentes	Niveau 2 Résultats proches des attentes	Niveau 3 Résultats répondent aux attentes	Niveau 4 Résultats supérieurs aux attentes
Style de l'exposé	• Utilise rarement les gestes, le contact visuel et le ton de voix pour éveiller l'intérêt de son auditoire. • N'arrive pas à maintenir l'attention de son auditoire. • N'a fait aucun travail préparatoire.	• Utilise parfois les gestes, le contact visuel et le ton de voix pour éveiller l'intérêt de son auditoire. • Arrive parfois à maintenir l'attention de son auditoire. • A fait un peu de travail préparatoire et manque d'assurance.	• Utilise habituellement les gestes, le contact visuel et le ton de voix pour éveiller l'intérêt de son auditoire. • Arrive à maintenir l'attention de son auditoire pendant presque tout l'exposé. • A fait un bon travail préparatoire et fait preuve d'assurance.	• Utilise avec succès les gestes, le contact visuel et le ton de voix pour éveiller l'intérêt de son auditoire. • Arrive à maintenir l'attention de son auditoire pendant tout l'exposé. • A fait un excellent travail préparatoire et fait preuve d'une grande assurance.
But	• Le but de l'exposé n'est pas évident. • Le message n'est pas clair.	• Le but de l'exposé est quelque peu apparent. • Le message est à peu près clair.	• Le but de l'exposé est apparent. • Le message est clair.	• Le but de l'exposé est très évident. • Le message est très clair.
Contenu	• Ne semble pas bien connaître le contenu. • Le contenu manque d'organisation et les transitions sont brusques.	• Semble avoir une connaissance limitée du contenu. • Le contenu est un peu organisé et quelques transitions sont évidentes.	• Semble avoir une bonne connaissance du contenu. • Le contenu est organisé et les transitions sont évidentes.	• Semble avoir une excellente connaissance du contenu. • Le contenu est organisé et les transitions sont fluides.
Exigences du projet	• N'a pas satisfait toutes les exigences du projet.	• A satisfait plus de la moitié des exigences du projet.	• A satisfait les exigences du projet.	• A fait plus que satisfaire les exigences du projet.

Évaluation 2 : Dépliant

	Niveau 1 Résultats inférieurs aux attentes	Niveau 2 Résultats proches des attentes	Niveau 3 Résultats répondent aux attentes	Niveau 4 Résultats supérieurs aux attentes
Contenu	• Moins de la moitié des sections du dépliant sont complètes. • Une très petite partie du contenu est exacte.	• Plus de la moitié des sections du dépliant sont complètes. • Le contenu est en partie exact.	• Presque toutes les sections du dépliant sont complètes. • Tout le contenu est exact.	• Toutes les sections du dépliant sont complètes. • Le contenu entier est exact et des détails ont été ajoutés.
Attrait du dépliant	• Les sections ne sont pas bien organisées et leur disposition embrouille les lecteurs.	• Les sections sont assez bien organisées.	• Les sections sont bien organisées et la disposition est attrayante.	• Les sections sont très bien organisées et la disposition est très attrayante.
But	• Le but du dépliant n'est pas évident. • Le message n'est pas clair.	• Le but du dépliant est quelque peu apparent. • Le message est à peu près clair.	• Le but du dépliant est évident. • Le message est clair.	• Le but du dépliant est très évident. • Le message est très clair.
Éléments graphiques	• Très peu des éléments graphiques appuient l'information.	• Quelques-uns des éléments graphiques appuient l'information.	• La plupart des éléments graphiques appuient l'information.	• Les éléments graphiques appuient très bien l'information.
Révision	• Il y a plusieurs fautes d'orthographe ou de grammaire.	• Il y a quelques fautes d'orthographe ou de grammaire.	• Il y a peu de fautes d'orthographe ou de grammaire.	• Il n'y a aucune faute d'orthographe ou de grammaire.

Évaluation 3 : Publicité imprimée

	Niveau 1 Résultats inférieurs aux attentes	Niveau 2 Résultats proches des attentes	Niveau 3 Résultats répondent aux attentes	Niveau 4 Résultats supérieurs aux attentes
Attrait de l'affiche	• Conception malhabile. La disposition manque d'attrait et est désordonnée.	• Conception de base. La disposition et l'organisation sont acceptables.	• Conception intéressante. La disposition et l'organisation sont bonnes.	• Conception très bien pensée. Excellentes disposition et organisation.
Contenu	• Peu de faits sont exposés avec exactitude.	• Certains des faits sont exposés avec exactitude.	• La plupart des faits sont exposés avec exactitude.	• Les faits sont exposés avec exactitude.
Éléments graphiques	• Les éléments graphiques ne sont pas reliés au sujet et n'appuient pas l'information.	• Peu des éléments graphiques sont reliés au sujet et appuient l'information.	• La plupart des éléments graphiques sont reliés au sujet et appuient l'information.	• Les éléments graphiques sont reliés au sujet et appuient l'information.
Exigences du projet	• Plusieurs des éléments demandés manquent. N'a ajouté aucune information supplémentaire.	• A inclus certains des éléments demandés, mais n'a pas fourni d'information supplémentaire.	• A inclus la plupart des éléments demandés et a fourni un peu d'information supplémentaire.	• A inclus tous les éléments demandés et a fourni de l'information supplémentaire.

Évaluation 4 : Création d'un magazine

	Niveau 1 Résultats inférieurs aux attentes	Niveau 2 Résultats proches des attentes	Niveau 3 Résultats répondent aux attentes	Niveau 4 Résultats supérieurs aux attentes
Contenu	• Information limitée. • Peu de détails à l'appui.	• Fournit un peu de l'information requise. • Fournit quelques détails à l'appui.	• Fournit presque toute l'information requise. • Fournit des détails à l'appui qui sont précis et complets.	• Fournit toute l'information requise. • Fournit tous les détails nécessaires.
Conventions de rédaction	• Dans le produit final, plusieurs fautes d'orthographe et de grammaire, et ponctuation non uniforme.	• Dans le produit final, l'orthographe, la grammaire et la ponctuation sont en partie correctes.	• Dans le produit final, l'orthographe, la grammaire et la ponctuation sont en grande partie correctes.	• Dans le produit final, l'orthographe, la grammaire et la ponctuation sont toutes correctes.
Éléments graphiques/ Images	• Les images appuient rarement l'information. • Aucun renforcement des images par la couleur.	• Quelques images appuient l'information. • Les images sont quelque peu renforcées par la couleur.	• Les images sont complètes et appropriées. • Les images sont considérablement renforcées par la couleur.	• Les images sont excellentes et appuient toujours l'information. • Le renforcement par la couleur est attrayant et bien pensé.
Présentation globale	• L'information est mal organisée et n'est pas bien disposée.	• L'information est mal organisée et n'est pas bien disposée.	• L'information est bien organisée et bien disposée.	• L'information est extrêment bien organisée et bien disposée.

Évaluation 5 : Notions de médiatique

	Niveau 1 Résultats inférieurs aux attentes	Niveau 2 Résultats proches des attentes	Niveau 3 Résultats répondent aux attentes	Niveau 4 Résultats supérieurs aux attentes
Participation de l'élève	• Contribue rarement aux discussions et aux activités en exprimant des idées et en posant des questions.	• Contribue parfois aux discussions et aux activités en exprimant des idées et en posant des questions.	• Contribue habituellement aux discussions et aux activités en exprimant des idées et en posant des questions.	• Contribue toujours aux discussions et aux activités en exprimant des idées et en posant des questions.
Compréhension des notions	• Démontre une piètre compréhension des notions et donne rarement des explications complètes. • A constamment besoin de l'aide de l'enseignante ou enseignant.	• Démontre une compréhension satisfaisante de la plupart des notions et donne parfois des explications justes, mais incomplètes. • A parfois besoin de l'aide de l'enseignante ou enseignant.	• Démontre une bonne compréhension de la plupart des notions et donne généralement des explications complètes ou presque complètes. • A rarement besoin de l'aide de l'enseignante ou enseignant.	• Démontre une excellente compréhension de toutes ou de presque toutes les notions et donne toujours des explications complètes et justes de manière autonome. • N'a pas besoin de l'aide de l'enseignante ou enseignant.
Habiletés de communication	• Communique rarement avec clarté et précision tant oralement que par écrit ou utilise rarement la terminologie et le vocabulaire appropriés.	• Communique parfois avec clarté et précision tant oralement que par écrit et emploie parfois une terminologie et un vocabulaire adéquats.	• Communique généralement avec clarté et précision tant oralement que par écrit et emploie, la plupart du temps, une terminologie et un vocabulaire adéquats.	• Communique toujours avec clarté et précision tant oralement que par écrit et emploie toujours une terminologie et un vocabulaire adéquats.

Glossaire des médias

Adresse URL (Uniform Resource Locator) Adresse d'un site Web.

Afficher Envoyer un message électronique à un forum ou à un autre service de messagerie.

Bavardoir (ou clavardoir) Lieu virtuel qui permet aux participants de contribuer à des discussions en temps réel.

Binette (ou émoticône) Symbole qu'on utilise dans un courriel ou un bavardoir pour montrer une émotion. Par exemple, :) signifie « Je suis heureux. »

Blogue Journal personnel publié sur Internet.

Caractéristiques d'un texte Éléments d'un texte qui le clarifient, tels que la police de caractères, les titres et les illustrations.

Cédérom (disque compact à mémoire morte) Disque d'ordinateur qui peut stocker de grandes quantités d'information, mais ne peut pas enregistrer ni sauvegarder l'information.

Choc Moment dans un produit médiatique provoqué, par exemple, par un élément de comédie ou un bruit fort, et ayant pour but d'éveiller l'intérêt du public ou de le faire réagir.

Clavardoir Voir *bavardoir.*

Communication en ligne Communication par Internet ou par un réseau commercial.

Connotation Description de l'idéologie, la signification ou la valeur associées à un produit médiatique.

Consommateur Personne qui achète des biens et des services, et qui les utilise personnellement plutôt que de les vendre.

Convention Pratique ou règle dans l'emploi du langage qui a fait l'objet d'un accord. Exemples de conventions : lettres majuscules, ponctuation et titres. Voir aussi *caractéristiques d'un texte.*

Conventions et techniques médiatiques Procédés employés pour créer des effets particuliers au moyen d'images et de sons, dans le but de communiquer un message. Exemples d'effets : l'animation, les couleurs et les effets spéciaux.

Courriel Message envoyé électroniquement. Forme abrégée de « courrier électronique ».

Cyberespace Ensemble des communications sur Internet et tout autre réseau informatique.

Cybernovice Nouvel utilisateur d'un outil technologique.

Déconstruire Diviser un produit médiatique en plus petits éléments afin de comprendre comment et pourquoi il a été créé.

Données démographiques Caractéristiques d'un groupe de personnes, y compris l'âge, le niveau d'instruction, le revenu, s'il s'agit d'un homme ou d'une femme, etc.

Éléments d'un texte Caractéristiques d'un genre particulier de texte, y compris les personnages, le lieu, l'histoire, etc.

Émoticône Voir *binette.*

Faire de la publicité Attirer l'attention sur un produit, un service, un besoin, etc. Il s'agit souvent de publicités payées sur les sites Web ou les panneaux-réclames, à la radio ou à la télévision, ou dans des journaux ou des magazines.

Fait Ce qui a réellement eu lieu ou qui existe.

Fidélité à la marque La préférence d'une personne pour un produit particulier. Les entreprises travaillent fort à faire en sorte que les consommateurs soient fidèles à leurs produits.

Flamber Voir *incendier.*

Foire aux questions Questions et réponses à propos d'un sujet particulier, tel qu'une liste d'envoi, un produit, un site Web, etc.

Forum Espace en ligne qui se concentre sur un sujet particulier. Les utilisateurs peuvent y lire les commentaires d'autres personnes et ajouter leurs propres commentaires.

Fournisseur d'accès Internet Entreprise qui fournit une connexion directe à Internet.

Genre Catégorie de produits médiatiques ayant tous un contenu, des caractéristiques ou un style particuliers.

Groupe de discussion Petit groupe de personnes choisies par des spécialistes du marketing pour analyser ou mettre à l'essai les nouveaux produits, services et messages publicitaires. Les spécialistes se servent d'un tel groupe pour tenter de savoir ce que seront les réactions d'un plus grand groupe.

Hyperlien Lien ou référence croisée d'un document électronique à un autre document électronique ou à une page Web.

Hypertexte Méthode de stockage de données au moyen d'un logiciel qui permet aux utilisateurs d'avoir accès à des détails de plus en plus fins.

Idéologie Ensemble des croyances qui guident un groupe ou une institution.

Incendier (ou flamber) Insulter ou critiquer agressivement une personne dans un message électronique.

Industrie des médias Groupe qui contribue à la production de produits médiatiques.

Internet Système de connexion d'ordinateurs le plus vaste au monde.

Langage HTML Formatage ou critères utilisés dans des documents sur Internet.

Littératie médiatique Capacité de comprendre les médias ainsi que les techniques qu'ils utilisent.

Logiciel Ensemble de programmes reliés au fonctionnement d'un ordinateur. Les logiciels d'exploitation, comme Mac OS et Windows, sont les logiciels de base de l'ordinateur. Les logiciels d'application servent, par exemple, au traitement de texte, à jouer à des jeux, etc.

Marketing Diverses étapes dans la vente d'un produit. Le marketing comprend la publicité faite, la vente, et la livraison de produits aux gens.

Matériel informatique Dispositifs électriques, électroniques, magnétiques et mécaniques d'un système informatique, y compris le lecteur de disques, le clavier et l'écran.

Média de masse Ensemble des moyens de diffusion à un très grand public, tels qu'Internet, la presse et la télévision.

Médiatique Programme qui enseigne la création de produits médiatiques et les façons de les interpréter.

Message texte Voir *texto*.

MI (messagerie instantanée) Service offrant la possibilité d'échanger instantanément des messages électroniques tapés, soit par cellulaire ou par Internet.

Moteur de recherche Programme sur certains sites Web qui permet d'y trouver de l'information en écrivant un ou plusieurs mots.

Multimédia Combinaison de deux ou plusieurs éléments médiatiques (audio, image, texte et vidéo).

Narration Exposé d'une intrigue ou d'une histoire. Dans un produit médiatique, la narration est une suite cohérente d'événements.

Navigateur Logiciel qui permet de trouver, de voir et d'entendre des documents sur le Web. Exemples de navigateurs : Internet Explorer, Firefox et Safari. Aussi appelé « navigateur Web ».

Nétiquette Ensemble de règles de comportement applicables à l'usage des réseaux informatiques, particulièrement Internet.

Opinion Attitude ou croyance qui n'est pas souvent fondée sur des faits.

Page d'accueil Première page d'un site Web sur Internet.

Page Web Page d'information sur un site Web. La page peut contenir des éléments graphiques, des hyperliens, du texte, etc.

Pensée critique Habileté à mettre en doute et à comprendre les questions soulevées dans les publicités, la presse, la télévision, etc.

Placement de produit Publicité payée par une entreprise, qui consiste à montrer le produit de cette dernière dans un film ou une émission de télévision.

Point de vue Attitude ou opinion. Le point de vue influence la façon dont on voit les événements ou dont on y réagit.

Pourriel Courriel indésirable.

Préjugé Idée toute faite qui peut empêcher une personne d'avoir l'esprit ouvert quand elle juge une question.

Production Processus de création de produits médiatiques. Les personnes qui créent les produits forment l'équipe de production.

Produit médiatique Méthode de communication d'un message au moyen d'images, de sons, de textes ou d'éléments graphiques (ou d'une combinaison quelconque de ces éléments). Le produit peut être un blogue, un film, un emballage, un cédérom, un magazine, un site Web, etc.

Produit médiatique imprimé Tout produit médiatique sur papier. Applicable aussi à un dirigeable affichant le logo d'une entreprise ou à une série de photos sans texte.

Produit médiatique numérique Produit créé et stocké au moyen d'un dispositif électronique ou d'une plate-forme médiatique qui permet aussi d'interagir avec d'autres personnes. Ces dispositifs comprennent l'ordinateur, le cellulaire, Internet, les sites de réseautage social, etc.

Public Groupe de consommateurs, auditeurs, lecteurs ou spectateurs visé par un produit médiatique particulier.

Public cible Groupe spécifique de personnes dont on s'attend à ce qu'elles achètent un produit ou un service particulier.

Représentation Action de montrer ou d'évoquer, dans un produit médiatique, des idées, des personnes, des lieux ou des événements réels.

Réseau social Communauté en ligne de personnes qui communiquent entre elles au moyen d'un site Web ou d'autres services technologiques.

Ressources imprimées et électroniques Information ou outils de référence sous forme de documents imprimés ou électroniques (livres, bases de données, vidéos, etc.).

Scénarimage Suite d'images qu'on utilise pour planifier une publicité, un film, une émission de télévision ou une vidéo.

Serveur Matériel informatique qui fournit des données ou des logiciels aux autres systèmes connectés à un réseau.

Site Web Ensemble de pages Web. Ces pages peuvent contenir des éléments graphiques, des sons et des liens vers d'autres sites Web. Un site Web couvre un ou plusieurs sujets.

Stéréotype Image simplifiée et toute faite à propos de personnes ou d'objets.

Techniques Procédés employés pour créer un produit médiatique et qui peuvent avoir un effet considérable sur les connotations et sur la construction du produit.

Texto (ou message texte) Message généralement très court envoyé électroniquement. Il contient souvent des formes abrégées et des binettes.

Valeur Opinion ou jugement personnel sur ce qui est important dans la vie.

Webémission Émission diffusée sur le Web.

Corrigé – Feuilles reproductibles

FR 1 : Que sont les médias? (p. 8-9)

1. **a)** Panneau pour les toilettes : Tant les femmes que les hommes peuvent utiliser ces toilettes. **b)** Symbole d'un produit toxique : Ce produit pourrait te rendre malade ou te tuer si tu le bois ou le manges. **c)** Feux de circulation : Arrête au feu rouge, ralentis au feu jaune ou avance au feu vert. **d)** Symbole d'ordures : Ne jette pas tes ordures sur le sol. **e)** Panneau d'une personne qui marche : Tu peux traverser la rue. **f)** Fauteuil roulant : Indique que des places ou des aires de stationnement sont réservées aux personnes qui se déplacent en fauteuil roulant.
2. Exemples de réponses : Se tenir au courant des nouvelles (radio, Internet, journal); dresser une liste, laisser une note à quelqu'un, noter une tâche à faire plus tard, dessiner un panneau de danger, écrire dans un journal personnel ou de bord, téléphoner à quelqu'un, envoyer un texto, écrire un courriel.
3. **a)** Les buts sont d'informer (fournir aux gens des raisons de manger différents légumes), de divertir (en écrivant des paroles drôles) et de persuader (comme le suggère le titre de la chanson, et le fait que Julien donne des raisons de manger différents légumes). **b)** Internet **c)** vidéoclip; Exemple de réponse : Un vidéoclip téléchargé est un bon choix. Beaucoup de gens vont probablement le voir, et ils pourront entendre la chanson plutôt que de lire les paroles seulement. Julien pourra aussi rendre la chanson plus drôle et mieux faire comprendre son message avec des expressions faciales et des gestes.
4. Les réponses varieront.

Mots cachés – Médias (p. 12)

Z	B	X	I	N	T	E	R	N	E	T	J	K	T
Y	A	A	D	W	O	B	A	G	H	U	V	J	E
M	N	A	L	K	R	J	F	R	A	D	I	O	L
T	D	Z	D	A	W	L	F	E	T	K	B	U	E
P	E	B	I	J	D	L	I	V	R	E	E	R	V
U	D	L	S	E	E	O	C	B	F	L	A	N	I
B	E	O	C	U	P	G	H	R	P	I	Z	A	S
L	S	G	O	V	L	O	E	O	A	M	L	L	I
I	S	U	U	I	I	K	M	C	N	Y	E	M	O
C	I	E	R	D	A	N	V	H	N	L	B	N	N
I	N	T	S	E	N	Z	J	U	E	T	C	S	U
T	E	P	H	O	T	O	G	R	A	P	H	I	E
E	E	K	Z	A	E	I	K	E	U	M	O	L	E

FR 6 : Pourquoi est-il important d'étudier les médias? (p. 19-20)

1. **a)** Être populaire est la chose la plus importante. **b)** La publicité a pour but de convaincre les jeunes d'acheter le jean. **c)** La publicité veut faire croire aux jeunes que l'achat du jean fera d'eux les personnes les plus populaires en classe. **d)** Les réponses varieront. Exemples de réponses : Est-ce qu'être populaire est la chose la plus importante pour moi? Est-ce que le port d'une marque de jean peut vraiment rendre une personne plus populaire?
2. Les réponses varieront. Au besoin, posez des questions qui amèneront les élèves à nommer des éléments et des techniques spécifiques, tels que l'humour, la musique de fond ou les effets sonores, un refrain publicitaire entraînant, des scènes qui se déroulent rapidement, une célébrité ou un personnage populaire de dessin animé.

FR 8 : Les buts des produits médiatiques (p. 28)

1. **a)** informer (en donnant la liste des vitamines), persuader (la plupart des messages publicitaires cherchent à convaincre les gens d'acheter quelque chose), divertir (en montrant des personnages de dessins animés), s'enrichir (en poussant les gens à acheter les céréales) **b)** divertir (avec la musique et les paroles), s'enrichir (l'argent pour la maison de disques et l'artiste) **c)** informer (du progrès de l'élève à l'école; certains élèves pourraient dire, et avec raison, qu'un bulletin scolaire a pour but de persuader un élève de continuer ses efforts ou de travailler plus fort.) **d)** informer (dire aux gens quels produits sont en solde, à quels prix), persuader (convaincre les gens d'aller à cette épicerie), s'enrichir (pour le propriétaire de l'épicerie) **e)** informer (enseigner les maths aux élèves), s'enrichir (pour la maison d'édition qui a publié le manuel) **f)** informer (avertir les gens qu'il est dangereux d'avancer) **g)** informer (donner l'heure du début de la fête et les indications pour s'y rendre) **h)** informer (annoncer la nouvelle marque de chaussures de course), persuader (en rendant intéressante la personne qui les porte), divertir (en montrant d'étonnantes figures en

planche à roulettes), s'enrichir (pour le fabricant des chaussures) **i)** informer (en parlant du chiot et en en montrant une photo, en indiquant la récompense et en donnant un numéro à appeler si on le trouve), persuader (la récompense pourrait persuader la personne qui trouve le chiot de le rapporter, ou pourrait persuader les gens de chercher le chiot) **j)** informer (en faisant savoir aux gens qu'ils ne devraient pas se stationner là), persuader (les gens ne se stationneront pas là s'ils savent que leurs voitures seront remorquées)

FR 9 : Les genres de produits médiatiques (p. 31)

1. **a)** Les réponses varieront. Exemples de réponses : un blogue ou un site Web (avec des photos ou vidéos intégrées), un album de photos (avec légendes), un exposé oral (avec diapositives ou vidéoclips), un compte rendu personnel (avec photos), un livre (avec photos), une vidéo (compilation de vidéoclips avec narration) **b)** Les réponses varieront. Les élèves pourraient suggérer qu'un genre qui comprend du texte (parlé ou écrit), des photos et des vidéos serait le plus efficace pour communiquer l'information au sujet du voyage.
2. Exemples de réponses : musique thématique au début de l'émission, animatrice ou animateur, concurrents, questions auxquelles répondre ou tâches à accomplir, prix (y compris en argent), période où l'animatrice/animateur présente les concurrents, ou encore où les concurrents se présentent eux-mêmes, plusieurs rondes de questions ou de tâches, messages publicitaires
3. Exemples de réponses : photo ou illustration pour chaque mois, indication du mois en grosses lettres au haut de chaque page, calendrier mensuel présenté sous forme de grille ou de tableau, jours de la semaine indiqués au haut des colonnes, semaines qui commencent le dimanche, jours fériés indiqués aux dates appropriées, chaque jour présenté dans une case où les gens peuvent noter leurs activités

FR 10 : Le public cible (p. 34)

1. **a-c)** Les réponses varieront selon le message publicitaire choisi.
2. **a)** élèves de la classe, parents de ces élèves, possiblement élèves d'autres classes dans l'école **b)** juges du concours, auditoire **c)** amis et parents invités à la fête **d)** élèves, personnel de l'école, parents des élèves, habitants de la localité **e)** personnes qui ont un potager et aimeraient faire pousser des légumes **f)** parents de jeunes enfants

FR 12 : Produits médiatiques imprimés (p. 41)

1. Exemples de réponses : affiche, carte géographique, catalogue, argent sous forme de billets, timbre-poste, bulletin scolaire, billet pour une manifestation ou un voyage
2. Les réponses varieront.
3. Ce type de panneau-réclame n'est pas un exemple d'un produit médiatique imprimé parce que le message n'est pas imprimé sur papier.
4. Les réponses varieront.

FR 14 : Produits médiatiques numériques (p. 49)

1. Les réponses varieront.
2. Les réponses varieront.

FR 24 : Techniques de persuasion (p. 73-74)

1. **a)** présenter une opinion d'expert **b)** faire peur aux gens **c)** présenter un témoignage publicitaire **d)** présenter une partie des faits seulement **e)** exagérer **f)** présenter un témoignage publicitaire
2. Les réponses varieront. Exemples de réponses : **a)** Céréales pour enfants : suivre le mouvement (« Tout le monde aime ces céréales! »), exagérer (« Ce sont les MEILLEURES céréales jamais vendues! ») **b)** Inscription à un centre de culture physique : présenter un témoignage publicitaire (montrer d'autres personnes qui ont retrouvé leur forme ou dont la santé s'est améliorée), suivre le mouvement (« Tout le monde fait de la musculation de nos jours. »), exagérer (déclarer que les gens retrouvent leur forme en très peu de temps) **c)** Jean pour jeunes : suivre le mouvement (« Tous les jeunes cools portent ce jean. »), présenter un témoignage publicitaire (un jeune dit qu'il aime ce jean), exagérer (« Ce jean est le plus confortable jamais confectionné. »), faire peur aux gens (montrer des jeunes portant le nouveau jean et parlant à voix basse de quelqu'un qui ne le porte pas)